ちくま新書

北朝鮮外交回顧録

山本栄二
Yamamoto Eiji

1638

北朝鮮外交回顧録【目次】

はじめに

　歴史的な小泉訪朝からまもなく二〇年の歳月が経とうとしている。それまで拉致被害者の存在を頑なに否定していた北朝鮮当局であったが、金正日がこれを認めて謝罪し、一部被害者の方の帰国が実現したことは、日本国内に大きな衝撃を与えた。

　その後、六者会談の枠組みの中でのやりとりも含め、日朝間の交渉は断続的に続く。二〇一四年にはいわゆる「ストックホルム合意」が成立し、北朝鮮側が拉致被害者を含め、すべての日本人に関する調査を包括的かつ全面的に実施することを約束した。しかし、残念ながらその後進展は見られず、日朝間の交渉は途絶えたままである。

　一方で、北朝鮮をめぐる情勢は大きく変化した。二〇一一年一二月に金正日が死亡し、金正恩体制が発足した。北朝鮮は二〇〇六年の核実験を皮切りにこれまで計六回の核実験を強行し、また、長距離弾道ミサイルを含めたミサイル発射実験を繰り返し、核・ミサイル抑止力の確立に向けて邁進している。

一九九〇年代半ば以降、国際社会の対北朝鮮政策を主導してきた米国であるが、クリントン政権時代の「合意された枠組み」（米朝枠組み合意）体制、ブッシュ政権の「六者会談」の枠組みは今やいずれも崩壊し、挑発（北朝鮮）―制裁（国際社会）という悪循環が繰り返される状況となっている。

二〇一八年になり、南北関係改善に熱心な韓国の文在寅大統領が三度にわたり南北首脳会談を実施し、ドナルド・トランプ大統領と金正恩による初の米朝首脳会談が実現したものの、その後事態が劇的に改善することはなく、膠着状態が続いたままである。

このところ北朝鮮は、制裁・自然災害・新型コロナの三重苦に直面していると言われる。そうであれば局面を打開するため、北朝鮮が再び日本に活路を見出そうとする可能性はある。

政権が替わると政策が大きくぶれがちな米国や韓国に比べ、北朝鮮は長期独裁政権であり、基本政策のぶれはほとんどないと言ってよい。実際、核兵器・ミサイル開発への強い意志はここ数十年ほど一貫している。また、トップの下で政策・交渉を実施する責任者や交渉のスタイルも長期にわたり変わっていない。

ここで今一度過去を振り返り、過去から学び教訓を得る意味があるのではないだろうか。筆者は一九九〇年、外務省北東アジア課首席事務官として金丸訪朝およびそれに続く土井・小沢訪朝に随行する機会を得て、当時最大の懸案であった第一八富士山丸の船長・機関長の解放・

帰国を目の当たりにする。そして、その直後開始された日朝国交正常化交渉の政策立案に関与することとなる。一九九三年から九四年の第一次北朝鮮核危機の際には、国連代表部の一等書記官として安全保障理事会の現場で事態をフォローし、米朝枠組み合意（一九九四年）を受けて発足した朝鮮半島エネルギー開発機構（KEDO）に関する業務を本省で主導した。さらに第一次小泉訪朝（二〇〇二年）および第二次訪朝（二〇〇四年）では各々先遣隊の副本部長、本部長として平壌を訪問した。

本著では、一九九〇年から十数年にわたり、断続的とはいえ対北朝鮮外交に携わった自身の体験も踏まえ、当時の状況・政策の再構成を試みようと思う。

ちなみにこの時代は国際社会において、日本が北朝鮮への対応を主導あるいは準主導した時代であったと言えるかもしれない。自動車運転にたとえるなら日本はドライバー席、あるいは少なくとも助手席にいたのである。

福田康夫元総理が好んで使った言葉に「温故創新」がある。対北朝鮮政策についても、古きを知り、新しく創造的・能動的な政策の糧にすることができれば、有意義であろうと思う。本書がその一助となれば幸いである。

第一章

風穴を開ける

北朝鮮・妙香山の招待所で握手する金丸信元副総理（左）、金日成・北朝鮮主席（中央）、田辺誠社会党副委員長（1990年9月26日、共同）

†金丸訪朝に向け揺れる与党・政府部内

一九九〇年九月二四日、一二時五九分、金丸信元副総理と田辺誠社会党副委員長を団長とする訪朝団一行を乗せたチャーター便は羽田空港を離陸した。行先は平壌、直行便である。

外務省からは川島裕アジア局審議官をはじめとして、通訳を含めて計四名が同行している。これは訪朝団を補佐する立場である。外務省職員の北朝鮮訪問は戦後初めてのことであり、意識しなくとも肩に力が入り、緊張する。

つい数十分前、羽田空港の狭い特別室は党・政府の要人でごった返していた。いわゆる金丸訪朝団の壮行会である。竹下登元総理、小沢一郎幹事長、土井たか子社会党委員長、坂本三十次官房長官などのお歴々が激励に駆けつける。

そんな中、私は悲壮感を漂わせていたのであろうか、同じく見送りに来ていた栗山尚一外務事務次官から「頑張ってこい」と声をかけられる。有馬龍夫外政審議室長や今井正北東アジア課長からも肩をポンと叩かれ、「頑張れ」と言われる。

つい先ほどまで外務省の上司がいた羽田の建物が小さくなり、見えなくなると不安が襲ってきたが、すぐに気を取り直し、腹を決める。

ここに至るまでには紆余曲折があった。金丸元副総理以下、自民党の関係議員および社会党関係議員と外務省との間では、厳しいやり取りが繰り返されていた。

社会党の田辺副委員長は、国会対策委員会時代から懇意にしている金丸元副総理に北朝鮮訪問を熱心に説き、金丸氏はかなり前からその気になり始めていたという。さまざまな機会に「日朝の厚い壁を突き破り、風穴を開けたい」と述べていた。

また一九八九年には、当時日朝間の最大の懸案となっていた第一八富士山丸事件[1]に関し、紅粉勇船長の夫人から、七年間も北朝鮮に抑留されたままの夫が帰国できるようにしてほしいとの訴えを直接受け、これに心を動かされた。これについてはその後、しばしば「日朝間の喉に刺さったトゲ」として言及している。

一方、冷戦の崩壊により朝鮮半島をめぐる国際情勢も急激に変化しつつあり、日朝関係改善の機運が生じてきていた。これまで日朝関係の改善に何かと釘を刺してきた韓国政府が、その方針を大きく転換し始めたのである。

一九八八年七月、盧泰愚《ノテウ》大統領はいわゆる「七・七特別宣言」で、「北朝鮮が米国や日本など、わが国の友好諸国との関係を改善するのに協力する用意がある」と表明したのである。日本政府はこの機会を逃さなかった。同日、北朝鮮との政府間対話を初めて公式に呼びかけたのをはじめ、ソウル・オリンピック開始を直前にして、八七年一一月の大韓航空機事件を受けて発動した対北朝鮮制裁措置を解除し、日朝関係改善に積極的な姿勢を示した。

さらに、八九年三月には竹下総理が国会で、わが国の過去の行為に対する深い反省と遺憾の意を朝鮮半島地域のすべての人々に対して表明するとともに、日朝政府間対話の早期実現の期待を表明したのである。

九〇年に入ると金丸訪朝の実現を検討するため、しばしば政府、自民党、社会党の三者、あるいは政府、自民党の二者による協議が行われていた。九月になって石井一自民党外交調査会長代理および久保亘社会党副委員長他六名の議員による先遣訪朝団が平壌から帰国すると、にわかに事態は慌ただしくなってきた。

九月九日は土曜日であったが、夕方、私は谷野作太郎アジア局長にお供し、先遣団から話を聞くべく、成田に向かった。すでにその日の昼、石井議員は北京での記者会見で、第一八富士山丸問題に関し、「北朝鮮が人道主義的見地から問題を協議し、早期に解決するとの確信を得た。前途に希望を持てる心証を得たので、仕上げは正式訪朝団でできると確信した」と述べ、久保議員は「九月二四日～二八日まで北朝鮮を訪問することで合意した」ことを明らかにした。

金丸訪朝は急に現実味を帯びてきたが、ことはそう簡単ではない。第一八富士山丸の船長、機関長の釈放を実現するためには、衛星通信の許可、直行チャーター便の許可、パスポートの記載変更〔2〕、連絡事務所の相互設置といった課題に加え、過去の植民地支配に対する「謝罪」と

「償い」の問題が重くのしかかっていたからである。

「謝罪」について、北朝鮮側は「最高位当局者による、直接的で明快な謝罪」を求めていると伝えられ、総理の親書で「謝罪」できないのかという意見があった。しかし私たちは、外交関係がなく、なおかつ今回は党の訪朝団なのでそれはできないとし、結局は海部俊樹党総裁の書簡を伝達することで落ち着いた。内容的には八九年の竹下総理の国会答弁など、既存の総理の発言を踏襲することとなった。

最大の問題は「償いの問題」で、国交正常化する以前であっても北朝鮮に一部「償い」ないし「援助」することはできないのかということであった。北朝鮮は経済困難を背景に、資金援助を喉から手が出るほど早急に欲しかったのであろう。また当時、北朝鮮は日本との国交正常化に反対しており、正常化することなく「償い」の金の一部でも受け取ることを強く望んでいたと思われる。自民党・社会党関係議員から外務省に対する圧力が強まった。

私たちの考え方では、国交正常化、外交関係の樹立なしに相手国に援助を行うことは前例もなく、あり得ない。外交関係が樹立され、国と国との信頼関係ができて条約が結ばれてこそ、援助ができる。そういう基本方針を栗山次官、谷野アジア局長、川島審議官が関係議員や党の要路に説明して回った。

谷野局長は金丸元副総理が好んで使った「クレール・ド・赤坂」に何度も足を運び、自民党との二者協議、あるいは社会党も入れた三者協議に臨んだが、雰囲気は誠に厳しいものであった。巷では、谷野局長があまりに原則に固執するので、金丸元副総理が「この石頭」と怒鳴り付けたと伝えられているが、本人によれば、金丸氏本人からそう言われたことはなかったという。

私は「谷野局長は「石頭」だが、君は「岩頭だ」」と面罵されたこともあったし、「『害務省』になるなよ」と言われたこともあった。一方で小沢幹事長をはじめとする一部の関係議員には、外務省の立場をよく理解してもらったと思っている。[3] こうして私たちは、正常化前の「償い」「援助」の前払いの要求だけは何とか阻止した。逆に訪朝を準備する側からすると、手土産（償い）ができないまま、不安を残して出発せざるを得なくなった。

私たちと関係議員の間で、このような緊張感を引きずったままの訪朝となったのである。

†未知の平壌に入る

チャーター機は順調に日本海を北上し、一三時五九分、北朝鮮側のＦＩＲ（飛行情報区）に入った。今回は直行便なので第三国のＦＩＲは経由せずに日本海を北上し、途中航路を西に向けて、北朝鮮の空域に直接侵入するというルートを取ることになっている。

途中、下は雲で見えないが、天気は上々である。一五時前に北朝鮮の海岸線が綺麗に見えてきた。陸地に入ると田んぼが色づいていて美しい。山は低く、平地が多いといった感じである。

直行便は一五時一六分、平壌の順安空港に到着した。窓から外を見ると、閑散として何もない。機体はゆっくりと停止位置に向かって進んでおり、その間、コンクリートの滑走路が目に焼き付くようで、ところどころ継ぎ目にペンペン草が生えている。遠くにこぢんまりとした歓迎の一団が見える。一〇〇名ぐらいであろうが、その様子が他の風景とマッチしていないのだ。空港には他に人気はなく、ターミナルビルの正面にかかった金日成の肖像画が見える。

タラップから降りると、外交部から第一局（アジア担当）の副局長二人が出迎えに来ていて、挨拶した。同じく外交部の李さんの案内で一緒にベンツに乗り込む。外を見ると、長身の金容《キムヨン》淳《スン》（書記）と思しき人が、金丸団長を抱きかかえるように車の中へ案内している。尋ねると李さんは一九五五年生まれで、日本担当の副課長のようであった。

一行の車はすべてベンツで、広い道路の中央線をまたいで市内へと走る。車窓から眺めているとときどき手を振る人、遠くからじっと見つめている人がいる。組織的な動員はないようである。

二〇分ほどで市内に入った。柳と川が綺麗な町である。道路の両側に食料品店、魚屋、理髪店、洋服屋、百貨店などが目に付く。人と車の数は少ない。

間もなく車列は、最も格が高いと言われる「百花園」（迎賓館）に到着した。その大きさ、天井の高さ、部屋の広さ、廊下の長さに少なからず驚く。さっそく、その中の大きな会議室で双方の代表が集まり、挨拶と自己紹介が始まった。

金容淳書記からは、崔秀吉《チェスギル》労働党部長、李モンオ最高人民会議常設委事務総長、金養建《キムヤンゴン》労働党副部長などの紹介があった。金養建副部長はのちほど、石井一議員を始めとする起草委員と「三党共同宣言」の案文交渉で丁々発止のやり取りをすることになるやり手で、金容淳が死去した後、統一戦線部長に昇進する。

このときの挨拶では、金容淳が「お互い手を合わせていい結果を得られるよう努力しましょう。一つの手では拍手ができない」と述べたことが印象に残っている。後年、国連代表部で北朝鮮の大使から「一つの手のひらでは紙は持てない」という似たような趣旨の発言があった。相手方に、協力のための行動を取らせようという意図があるのだろう。

†平壌最初の夜

夜の北朝鮮側による歓迎宴は、平壌冷麺で有名な「玉流館」で行われた。川島審議官他と五番テーブルに着く。北朝鮮側の同席者は、宋日昊《ソンイルホ》氏（党国際部、後に朝日正常化交渉担当大使）、同じく国際部の金課長、外交部の千竜福《チョンリヨンボク》副局長などである。

冒頭の挨拶で金容淳は、日本政府が今年初め、過去を清算し、日朝関係改善を表明したことを好ましく思い、肯定的に受け止めていると述べた。そのうえで「二つの朝鮮」の存在を国際的に合法化し、固定化することは絶対に許されないと述べた。これは暗にソ連を非難しているのであろうと、私は受け止めた。実際、ソ連は数日後の九月三〇日に韓国と国交を樹立することになる。

金丸団長は用意されたテキストを読み上げ、「今世紀の一時期、わが国の行為により、貴国の方々に耐え難い苦痛と障害をもたらしたことに対して心より反省し、謝罪する」旨を明らかにした。

金容淳の第一印象は迫力があり、押し出しも声もよかった。宴会の途中でまた演説し、プレスにいい印象を持ってほしいと強調する。その後、各テーブルを回って一人一人と挨拶する。こちらのテーブルにもやってきて「日朝関係のため努力して下さい」と言うので、私は朝鮮語で「はい、努力します」と答える。顔と目つきは厳しかった。

テーブルにはここぞとばかりご馳走が並んでいた。メインは「鯉の洗い」である。北朝鮮側の人達は皆「どうぞ、どうぞ」と勧めるが、日本側は誰も箸を付けようとしない。これでは北の人達も食べられないだろうと思い、思い切って箸を付けると、これがなかなかいける。何切れか口に放り込んだ。

乾杯を何度か繰り返し、酒が入ってくると場がほぐれてきた。宋さんはかなり自由に発言し、柔軟で若手の切れるエリートという印象を受けた。冗談もうまい。金さんはクレムリンの食事の話が出ると、「我々はもうクレムリンには行けないかもしれない」と、冗談交じりで嘆く。すると宋さんが大笑いする。金さんはまた「西欧人は文化、風習が違うからやりにくい。やっぱり東洋人がいい」という。

その夜、北朝鮮側の人達と少し話しただけで、ソ連が憎むべき対象となっていることを感じ取ることができた。

また、日朝関係についても議論した。こちらが「日本政府が北朝鮮に対し、敵視政策を取っているというのはおかしい」と主張すると、先方は「敵視政策を取っていることは間違いない。今や取り残されているのは政府だけである。自転車は速く漕がないと倒れてしまう」と反論した。政府間対話にも極めて前向きで、一〇月にも来てくれと言っていた。

こうして、初日の歓迎宴は表向き和気あいあいと進行していった。

宿舎への帰途、暗い道を女子生徒達が隊列を組んで行進しているのを見ると複雑な気持ちになった。李さんによれば、映画鑑賞などの課外活動で遅くなっているということであった。

百花園に戻ると、日本側関係者の間で打ち合わせが行われた。

金丸団長が「謝罪」「償い」「富士山丸」「核」の四点が本筋で、これらについては金日成と話をつけたいと述べ、全員がこれを了承した。その際、池田行彦議員は補佐官をノートテーカーとしてでも入れておいてほしい、後々のこともあるからと主張した。

その後、少人数に絞った打ち合わせが続けられる。訪朝団事務総長の石井一議員から、金日成との会談の際、補佐官（川島審議官）を同席させてほしいと何回も頼んだが、受け入れられなかったとの説明があった。

この点については後述の通り、金日成と金丸・田辺両団長の会談にも、また、金日成と金丸団長の会談にも外務省からは補佐官はおろか、通訳すら入ることができなかったため、実際にどのような話が行われたのか、詳細はいまだに不明のままである。

「償い」については合意文書案に、国際法上前例のない異例の措置として請求権交渉に入るとの立場が示されており、議員側から、この程度なら政治家としてアバウトに言う限りはいいのではないか、との説明があった。これに対しては川島審議官が「率直に言って、許容範囲を超えているところがある。このラインで合意して帰国されると大変なことになる」と精一杯アドバイスした。

政府間対話や連絡事務所設置のあり方についても打ち合わせたが、私たちは、米国や韓国との関係もあり、越えられないものもあるかもしれないと留保を付けた。

このように、議員側と補佐官側の見解の相違と緊張関係は最後まで続くことになる。

部屋に戻り、夜一一時頃に本省の今井課長に電話連絡し、今日の出来事をかいつまんで報告する。電話は盗聴されている可能性が高いため、機微にわたる話はできない。今井課長は議員側が準備したペーパーの一部内容を心配していたが、話を聞いたうえで電話を切る。

さあ、シャワーを浴びて寝よう。念には念を入れ、機微な書類が入ったカバンを浴室に持ち込んでシャワーを浴び、布団に入る。あぁ、長い一日が終わったが、いよいよこれからだ。それにしても、北朝鮮側は日本との関係正常化にかなり本気だと、一日を総括しながら眠りについた。

†突然妙香山へ移動

翌九月二五日、目覚ましの音で飛び起きた。実に静かな環境なので熟睡していたのだ。川島審議官からの誘いで、朝食前に宿舎の前の池の周りを散歩する。さて、いよいよ今日から本格的な協議が開始される。午前一〇時から万寿台議事堂で、金丸団長、田辺団長、金容淳書記による三者団長会議が開かれた。

金容淳は「最も重要なのは植民地支配三六年の清算であり、焦点は謝罪と償いである。最高責任者の謝罪について、国会決議でも考えてほしい。三六年プラス戦後四五年の賠償義務があると思う。正常化前にいかなる形でも誠意を見せることが大事である」と主張し、「国交正常化の後で償いをするのではあまりにも時間がかかり、困る」と述べた。

石井議員より、政府は国際慣例により、正常化前の償いはできないとしていると述べたが、金容淳は「国際法、法律は国と国との関係を発展させるためにある。法律に従属させられたら困る。とりあえず善意を見せる何らかが必要である」と反論し、この点が最大の問題であることを明示したのである。

金丸団長からは反論はなく、同感であるとの発言があった。特に償いについては外務省が拒否していること、自分から「では台湾はどうしてできたのか。法律を作ればいいじゃないか」と反論したことを述べたうえで、「三六年プラス四五年で迷惑をおかけした。償うのは当然である」と語った。

以上は同席者から、参加できなかったメンバーになされた事後説明の一部である。川島審議官はその内容を聞くなり、「国交のないままお金を渡すことはできません」と改めて釘を刺した。

なお、この時点で北朝鮮側は、第一八富士山丸の二人の釈放を確約していない。「償い」について満足のいく回答が日本側から得られない状況で、富士山丸のカードは温存されたのである。

三者団長会談に参加しないその他の団員と私たちは、午前中、メーデースタジアム、人民大学習堂を視察した。昼には人民文化宮殿で「親善の集い」が開催され、国民各界層の代表約七〇名が出席した。中には人民女優と称される人もいる。

ある人を介して田仁徹《チョンインチョル》外務次官を紹介され、来るべき日朝政府間交渉の代表に内定している人であると説明された。今振り返ってみると、この時点ですでに代表の人選が終わっていたということは、日本との正常化交渉開始の決断は、ある程度前からなされていたのであろう。

午後も視察で地下鉄、少年宮殿、マスゲームと続く。なかんずくマスゲームは一〇万人が参加したと言われ、最後には「日朝友好親善万歳」という人文字が浮かび上がった。

そのときである。夕方頃であろうか、北朝鮮側の指導員が石井議員に「ご要望の金日成主席との会談が明朝セットされました。ついては夜八時四五分には宿舎を出て、九時の列車に乗っていただきたい」と伝えてきた。

このときだけではない。翌日、金丸団長が一人妙香山に残ったときもそうであるが、北朝鮮側は重要な日程を最後まで明らかにしない。直前に伝え、日本側を混乱させるのである。

その理由について考えてみたことがある。もちろん、首脳の安全が考慮されているという面もあろう。また、主席との会談という重要なカードの日時は最後まで伝えず、相手方に圧力を加える。直前に伝えることにより、相手方に対応を検討する余裕を与えず、自分たちのペースで事を運ぼうという思惑もあるだろう。

さらには相手方を分断する意図もあろう。行き先もろくに伝えず、急遽移動させたことは、代表団と本国を分断させる効果があった。金丸団長を一人残し、金日成が追加的にサシで会談したということは、北朝鮮から見て不必要なアドバイスをする随行者を除外するという目論見があった。このように考えると、北朝鮮側の戦術は概してゲリラ的と言えるのではないだろうか。

私たちは宿舎で急いで夕食を取り、部屋に戻って荷物の整理をして、出発の準備をする。本省の今井課長に電話して事情を報告すると、「どこに行くんだ！」と聞かれ、私は「わかりません。とにかくしばらくは連絡をとれないと思いますので、ご承知おきください」と答えた。こんなやり取りをして受話器を置き、玄関に駆けつける。

宿舎を八時四〇分に出発し、車列は平壌駅ではなく、少しはずれにある龍城駅のホームにそのまま乗りあげ、待機していた特別列車に乗り込んだ。

列車は九時過ぎに駅を出発し、暗闇の中を平壌から北北東に一六〇キロほど離れた景勝地の妙香山に向かう。

列車の中でも、訪朝団の事務局を務める石井一議員、武村正義議員と我々との間で「共同声明案」をめぐって打ち合わせが続く。先方は「外務省の考え方ではもたない。場合によっては正常化前の「償い」供与もあり得る。これを政治決断でできないか」と言いたいようだ。

これに対し、川島審議官は頑張る。対米関係、対韓国関係があるし、いずれにせよ与えられた方針の範囲内のことしか言えない。

私たちは「正常化前の援助の供与は不可能である。過去のこの種の処理への対応は勘案できる。党が政府交渉を見守ることも差し支えない。要は、国際情勢がカギなのである」と主張した。

議員は「もう一歩である。場合によっては党の責任で」というが、私たちは「政府ができないことを党が言っても後で大問題となる。正直言って危ない」と釘をさす。双方の根本的な溝は埋まりそうにない。

そうこうしているうちに夜中の一二時前に列車は目的地に到着し、一二時過ぎに妙香山招待所に入った。さあ、明日はいよいよ金日成との面談である。

†金日成との出会い

靄のかかった静かな朝である。熟睡していたのか、ドアをドンドンと叩く音で目が覚める。時計を見ると七時半で、外に出てみると実に気持ちがいい。岩山に囲まれた別天地という感じである。朝食にはマツタケがふんだんに出た。

結局、通訳を押し込むことができず、九時半頃に迎えが来て金丸、田辺両団長だけが金日成主席との会談に向かう。これでは、本当のことは最後までわからずじまいかもしれない。待つこと約一時間、私たちは徒歩で会見場に向かう。近くに普賢寺という寺があり、お坊さんがいたのには驚いた。ただし賽銭箱はない。

広々とした部屋で並んで待機していると、一一時過ぎ、金日成と両団長があっという間に入ってきた。団員一人一人に握手して挨拶し、やがてこちらの番になった。「日本外務省から来た山本といいます。光栄です」と朝鮮語で一気に話したところ、ワンテンポ遅れて「歓迎します」と一言返事があった。

首の後ろのコブが非常に大きい。顔にはかなりのシミがあり、眼の色は薄く、眼光の鋭さは特に見られない。後ろ姿にずっと見とれていると、右側から金容淳が手を差し伸べて待っていたので少々慌てた。こちらは目つき、顔つきが厳しい。

ここで挨拶があり、金日成からは「近くて遠い国ではなく、近くて近い親しい関係になることを希望する」との発言があった。金丸団長は「我々の方からの提案をご理解いただいた。泣ける気持ちである」と感無量であった。

その後、写真撮影があり昼食会となった。食事をサーブするのは、全員黒っぽい服に身を包んだスマートな若い男性達で、女性は一人もいない。ここで金日成はすべてのテーブルに回り、一人一人と人参酒で乾杯した。

主席は食事が終わった後、出口に自ら立ち、また一人一人と挨拶を交わす。彼は最大のおもてなしをすることによって、団員皆を感激させたのである。

その評価は別として、毛沢東、チトー亡き後、歴史的な人物で生き残っていたのは金日成とフィデル・カストロぐらいであり、やはり迫力はあった。年は七六歳で、金丸団長より二つ上である。北朝鮮の首領・英雄は健在であった。午前中の金日成、金丸、田辺の三者首脳会談の内容はどうだったのか。両団長からの断片的な説明に頼るしかない。

金丸団長から海部総裁の親書を手渡し、北朝鮮側の通訳がこれを読み上げた。また、自らも「償い」の問題などを政治決断で処理する決意を表明した上で、第一八富士山丸の二人については釈放をお願いした。そして「核を作っているという噂があるが、どうなのか」と質《ただ》す。

金日成主席は親書を読んで「よくわかりました。これで結構です」と言い、高く評価した。そして次のように語ったという。

「日本は経済大国であるが、政治大国でもある。それは、これまで歩んできた道が正しかったからである。日本は債権国、米国は債務国である。これからは自主的に歩んでほしい。アジアの問題はアジア人で解決すべきである」。

「核については、製造していない。ソ連が供与した原子力研究所のことではないか。核の開発はしない。調査するなら、南にある千発の核も調査すべきである」。

「第一八富士山丸の問題については、よくわかりました。法は人間が作るものです。協議すれば解決できると思う。お二人を満足させることができると思う」。

†金丸団長がいない⁉

その後私たちは午後三時過ぎに妙香山を出発し、帰途についた。金日成との会談も終わったので、ホッと一息である。

車窓から外を見ると、畑にトウモロコシの殻が積み上げられている。稲は一部刈り取りが始まり、一見すると実りはいいように思える。特に貧しいとは思えないが、田畑では牛が使われている。ときどき蒸気機関車が目に入る。

列車に揺られて少しうとうとしていると、武村議員が部屋に飛び込んで来た。「大変だ。金丸先生が拉致された」。私はビックリして飛び起き、「冗談でしょう」と言った。

急に金日成が二人だけで話がしたいと言ったので、金丸団長とお付きの四人だけが現地に残ったということである。石井議員が汽車に乗り込んでから田辺団長などに説明したところ、社会党はカンカンである。

何とも複雑で、不安が残る。正確なところが歴史に残らないではないか。このやり方に腹が立つ。昨夜、妙香山の宿舎から本国に電話を入れさせないのもとんでもないことで、非友好的だ。自民党の一部の議員もおかしいと感じ始めている。

私たちの列車は午後五時四五分に再び、平壌の龍城駅に帰着した。翌二七日の朝、連絡がついた。金丸団長から、今日中に戻るから心配するなとのことである。

さてその後、妙香山で何があったのか。夕方四時頃に金日成が金丸団長の宿舎に足を運び、先方の通訳だけを入れて二人で話した。翌朝はおよそ二時間サシで話をし、さらに昼食を一緒に食べながら話した時間を合わせると、五時間近くにも及ぶ長い会談を行ったことになる。

金丸団長は平壌に戻ってから、私たちに次のように語った。ご心配をかけた。主席が私一人と話したいとの話が、金養建副部長からあった。社会党がやってきたことだから一緒にと言ったが、ぜひ一人でということだったので受けた。

私の宿泊先に主席が表敬訪問に来た。世界情勢の話をすることになり、私から、この間中国に行った話をした。世の中が変わり、台湾から中国に一〇〇万人訪問する時代になった。一人ぐらい台湾に恩義を感じる人がいてもいいだろう。しかし日中関係が硬いので、これを崩すことはできない。

イラクについても話をした。私から「国連決議に協力しないわけにはいかない。中国は常任理事国だ。国民が納得するなら、法律でできないことをやってもいいじゃないか、と総理に言っている。ただ、自衛隊が鉄砲を持っていくことは許されない。自衛隊が海外に行くことはやってはいけない」と話すと、主席も「その通り。まったく同感。許されない」と言った。

その朝、主席に電話した。「第一八富士山丸について閣下にお願いしたい」と言うと、(主席は)「しつこいことを好まない。十分気には留めておく」と言い、電話を切った。昨日「法律は人が作るものだ」と言ったので「すべてこれで理解します」と言った。すべてが許されるとの解釈で、「よくわかりました」という話である。

他にもいろいろある。私が「新聞社が平壌に支社を作るときはよろしく」と言うと、先方は「国交が正常化すれば、おっしゃることはできると思う」と言った。

核についても「衛星から見たという話があるが、どうか」と聞くと、「ソ連の研究所がある。これを査察して結構です。南も一緒にやってくれ。こちらだけ疑われる筋合いはない」と言っていた。

第一八富士山丸は必ず一カ月、二〇日以内に解放してくれると思う。

私が人質になるのかと思ったが、そうではなかった。ヘリコプターに乗り、四五分ぐらいで戻ってきた。

†予想外だった日朝正常化交渉の提案

金丸団長が一人、妙香山に残っていた二七日の午前、平壌では二つの会合が同時並行的に行われていた。一つは自民党と労働党との二党会談、もう一つは外務省同士の実務者協議である。二党会談は、自民党側からは金丸団長を除くすべての団員、北朝鮮側からは金容淳他が出席して行われた。自民党側から、各議員が各々事前に割り当てられた関心事項についての立場を述べ、それに対し、金容淳が答える形で会議は進行する。

国連参加問題、中東問題、漁業問題、貿易、青少年・スポーツ交流などが取り上げられたが、特に日本人妻の一時帰国問題と核問題のやり取りが興味深かった。

森山眞弓議員は「一九六〇年前後に在日朝鮮人が祖国に帰還した際、一緒に北朝鮮に渡った日本人の妻が一八〇〇人いるが、彼女たちの消息がまったくわからないので、家族が心配している。その親たちはすでに老齢であり、人道主義の観点から一刻も早く、妻たちの里帰りを実現してほしい」と訴えた。また、日本にいる家族から預かってきた手紙を手渡し、それをぜひ本人たちに届けてほしいと依頼した。

これに対し、金容淳書記から「日朝の窓が開いて交流が進めば、うまく解決できると思う」という曖昧な答えしか得られなかったのは残念である。結局彼らにとっては、このような人道的な問題もすべて交渉のカードになってしまうのであろう。

北朝鮮側にとって最も聞きたくない問題を提起したのは、野中広務議員である。彼は「金日成主席が核はないと言ったのであれば、査察を受けて問題ないはずである。南の査察と結びつけるのは不適当である」とはっきりと主張したのである。

これに対して金容淳は烈火のごとく怒り、言葉を遮るように立ち上がり「野中先生の言うことはまったく理解できない。あなたはもう一度こちらに来る必要がある」と失礼なことを言う。これに驚いた日本側の一部の議員が「先生、もうこれぐらいに」とその場を取り繕おうとしたが、野中議員は「いや、これは日本国にとって大切なことだから最後まで言わせてもらう」と、堂々と最後まで発言した。

そしてさらに「共和国も核不拡散防止条約に加盟しているのであるから、一日も早く保障措置協定を締結し、貴国の立場を立証してほしい。韓国とは対話を進め、信頼関係を作ることが先決である」と発言した。

私は後ろで見ていて僭越ながら、「こんな国士の先生がいるのか」と深く感銘を受けた。


一方で、政府間実務者会談が別の場所で開かれていた。日本側代表は川島アジア局審議官、北朝鮮側は千竜福第一局副局長である。

ここで驚くべきことが起こった。先方が「国交正常化をやろう」と言ってきたのである。川島審議官が「今までは南北分断につながるから反対と言ってきたではないか」と確認すると、千副局長は「変わりました。その理由は、経済が大変で金が欲しいということではない。第一回交渉は一一月上旬、平壌で次官または外務審議官レベルでやりたい」と述べたのである。

川島審議官はそれに対して「東京にも伝えるが、感無量である」と答えた。先方は三党共同宣言の案として、三党は国交正常化を政府に促すというラインを盛り込むことを考えているということであった。

これは当時の私たちからすると衝撃であり、歴史的なニュースであった。川島審議官は宿舎の部屋に戻ると本省の栗山次官に報告し、それは本省から日本の要路に即座に伝えられた。

そのとき、中山太郎外務大臣は国連総会出席のため、ニューヨークに滞在していた。今井北東アジア課長は、本省から同行している谷野アジア局長に至急連絡を取る。現地は真夜中である。「大変なことになりました。正常化をやりたいと言って来ました」と言うと谷野局長も驚き、夜明けを待って大臣を起こし、このニュースを伝えた。そして中山大臣から、同じくニューヨークに来ていた韓国の崔外務部長官に連絡を取ったのである。

北朝鮮の方針転換は金丸団長以下、代表団にも伝えられ、皆驚き、興奮した。

その背景については、同日午後行われた三党代表会談で金容淳から説明があった。「国交樹立への方針転換には二つの側面がある。一つは国際情勢が急激に変化したこと、もう一つは日本政府の一部に、国交前には「償い」を解決することができないとの意見があることである」。

何かが大きく崩れてくるように、朝鮮半島情勢は急速に変化している、そう実感した。

†論議を呼んだ三党共同宣言

その日の夜は、日本側主催の答礼宴が執り行われた。大きな山場は過ぎたということであろうか。酒の勢いとは言え、日本側も北朝鮮側も多くの人が楽観的で、もうほとんど一〇〇%成功したかのような気分に酔った。お互い乾杯し合い、抱き合う。

しかし本当の山場は、両団長による記者会見の後にやってきた。夜一一時前から宿舎の百花園で、共同宣言案の協議が本格的に始まったのである。当初の予定では、代表団の出発時間は翌二八日の一二時三〇分であるから、朝までに何とか妥結することを目指す。

三党間の文書の協議であるが、補佐官として川島審議官が日本側代表団の後ろに控えていて、必要に応じて助言する。こちらは連絡のため、部屋に待機しつつ、ときどき会場に行ったり来たりする。

私たちにとって特に重要なことは、国交正常化前の「償い金」の一部支払いと、戦後四五年の償いの表現を、宣言案から削除してもらうことであった。いずれの点も北朝鮮側が用意した草案には入っていたのである。川島審議官は、政府の補佐官として粘り強く働きかけたが、いかんせん党同士の協議の場でもあり、途中で退室を余儀なくされた。

そうして協議は翌二八日午前まで続き、平行線を辿る。二八日午前、三党団長会議が開かれ、その場で、「償い」の一部事前支払いは削除されたが、戦後四五年の謝罪と償いは、金丸団長の判断で受け入れることになったという。日本に戻った後、金丸団長はこの償いについて「正常化が遅れた分の金利のようなもの」と説明した。その他、双方の様々な立場の妥協もあり、核施設に対する査察を北朝鮮側に受け入れさせることはできなかった。

紆余曲折を経て、三党共同宣言が署名されたのは予定を大幅に遅れ、午後六時過ぎであった。「三党共同宣言」で、戦後四五年についても謝罪と償いの対象として認めたことについて、日本国内で批判が巻き起こった。

†穏やかでない韓国

一方、韓国は、金丸訪朝の成果や共同宣言の内容が外に出るにつれ、動きの速さに戸惑いを見せ始めた。日朝国交正常化交渉開始の提案に対し、二七日の時点で柳宗夏《ユジョンハ》外務次官が柳健一駐韓国大使を呼んで説明を求め、懸念を表明している。

「三党共同宣言」の内容が公表されると、韓国政府が問題視し、釈明を求めている部分は、「朝鮮はひとつであり」という点（この表現は北朝鮮が好んで使う表現である）、償いの対象期間が戦後四五年を含んでいること、海部総裁の親書に「内閣総理大臣として」という表現があることなどであると伝えられた。

実際、一〇月一日、李源京《イウォンギョン》駐日韓国大使は栗山外務次官と会談し、「朝鮮はひとつ」ということ、総理の資格で謝罪が述べられていること、戦後四五年も対象に含まれていることの三点は問題視せざるを得ないとして、説明を求めた。

そして李大使の助言もあり、金丸元副総裁は一〇日八日に訪韓し、盧泰愚《ノテウ》大統領に対して直接訪朝結果について説明することとなる。

金丸議員は盧泰愚大統領との会談で、今般のことで誤解を招いたことに対し、韓国政府と国民に対してお詫びすると述べたうえで、戦後四五年の償いというのは政治的に考慮した表現であって、直接賠償の意味ではなかったと語った。さらに訪朝の結論は三党の合意であり、日本政府を拘束するものでないのは言うまでもないと述べた。

盧泰愚大統領は、日朝の修交は究極的に「七・七宣言」に沿っており、韓国が反対するものではないとしつつも、次の五点につき注文を付けた。日朝関係改善について①日韓間の十分な事前協議が必要、②南北朝鮮の対話と交流が進展するよう連結させる、③北朝鮮がＩＡＥＡの保障措置協定に加入するよう働きかける、④経済協力は、北朝鮮の軍事力増強につながらないよう保障措置を取るとともに、実施は国交正常化後とする、⑤北朝鮮の開放と改革を促進し、国際社会の一員になるよう寄与する。以上の五点について日本側が留意するよう要請し、金丸議員はこれらに賛意を示した。これをもって、韓国との関係は一応鎮静化する。

そもそも韓国政府は、前述の通り「七・七特別宣言」をもって、社会主義諸国との関係改善を追求する「北方政策」を推進する一方、「北朝鮮が米国や日本など、わが国の友好諸国との関係を改善するのに協力する用意がある」と表明していた。それに従ってソ連・東欧諸国との正常化を進めていたわけであるから、日朝両国が国交正常化交渉を始めるからと言って、当惑する立場にはなかったはずである。

したがってこの時点では、日朝国交正常化交渉については反対の意思表示はしていないが、予想外の動きの速さに驚いたのであろう。また、もともと韓国国内には日本と北朝鮮が頭越しに関係を改善することに拒否感があったので、心理的にはなかなか受け入れられない面があったと思う。

折しも南北関係にも大きな動きがあった。九月上旬に第一回目の南北首相会談が開かれていたのである。社会主義諸国と次々と国交を樹立するという国際的に有利な立場で、北朝鮮を南北直接交渉の場に引き出した韓国としては、そこに日朝が楔を打ち込んで来ることに警戒を感じたとしても不思議ではない。

このような韓国の警戒的かつ慎重な立場は、一九九一年から開始される日朝正常化交渉の間、そしてその後も九八年に金大中大統領が就任するまでの間、折に触れて日本側に伝えられることになるのである。

†背景には何があったのか

金丸訪朝が実現し、そこで北朝鮮側から日朝国交正常化の提案がなされた背景には何があったのか、ここで改めて整理してみよう。

一言でいえば、冷戦崩壊の影響が朝鮮半島にも及んできたということである。

南北朝鮮の分断とその固定化は東西対立の影響なのか、あるいは朝鮮内部の問題なのかについては議論のあるところである。一九七〇年代から八〇年代前半にかけては北と南が東西対立を背景として、世界各国との外交関係の樹立を競い合っていた。

日米など西側の主要国が北朝鮮を承認し、中ソなど社会主義圏の主要国が韓国を承認するといういわゆるクロス承認の考え方は、すでに七〇年代に存在した。しかし関係者の受け入れるところにはならず、東西各陣営の諸国が相手陣営の南北朝鮮と外交関係を樹立することは久しくなかった。特に、北朝鮮にとっては「朝鮮は一つ」で「統一」が国是であり、分断固定化につながるクロス承認はあり得ないとの立場であった。

しかし一九八〇年代の後半に入り、このような構造に変化が生まれる。冷戦崩壊の兆しが見え始めたのである。また、これと軌を一にするように韓国の経済的、国際的地位が上昇し始めた。その象徴は一九八八年のソウル・オリンピックの開催である。これらを背景として前述の通り、韓国は八八年、社会主義諸国との関係改善を柱とする「七・七特別宣言」、そして「北方政策」を打ち出した。この新たな政策は、国際社会と自国の立場の変化を先取りした、実にタイムリーな戦略であったと言えよう。

一方で北朝鮮は追い詰められていく。外交的に社会主義諸国の後ろ盾を失っていったのみならず、韓国の攻勢もあり、心理的にも経済的にも窮地に追い込まれつつあった。ちなみに、一九九〇年の時点で北朝鮮の対外貿易の半分強を占めていたソ連との交易は、翌九一年には約二二億ドルから三・六億ドルに激減し、これに伴い、北朝鮮の貿易総額は九〇年の四二億ドルから九一年には二七億ドルと半分近くに減ってしまったのである[4]。

このような厳しい状況において、北朝鮮の指導層が日本に目を付けたことは不思議ではない。特に北朝鮮にとって、日本は次の四つの点で組みしやすかったと思われる。まず、第一八富士山丸というカードが北朝鮮側にはあった。二人の船員が事実上の人質になっていなければ、金丸議員をはじめとする日本側は本気になって動かなかったであろう。次に日本には社会党という友党があり、これが与党との橋渡し役を果たしてくれた。三点目に、過去の清算を終えていない日本から大規模な資金を得ることが期待された。四点目として、日本政府も日朝関係の改善に前向きなシグナルを送ってきていた。

北朝鮮側が一気に日本との正常化に突き進んで行ったのは、日本政府が正常化前の一部援助の供与を拒否したからなのか、あるいは国際状況の変化を受けた戦略の変更として元々決まっていたのかは定かではない。

いずれにせよ、日朝国交正常化の提案は当時の日本にとっても、また米国、韓国にとっても驚きであった。平壌から戻ってきた金丸議員は、周辺によく次のように漏らしていた。「穴を開けようとしたら、大きな壁が倒れた」と。

†土井・小沢訪朝と金正日の登場

金丸議員一行が帰国した後の興奮と内外の波紋が冷めやらぬ中、次の訪朝の準備が始まっていた。金丸議員が北朝鮮滞在中に金日成に約束した、小沢一郎自民党幹事長の北朝鮮訪問である。表向きの目的は朝鮮労働党創建四五周年の祝賀式典への出席であるが、抑留されている第一八富士山丸の紅粉船長と栗浦機関長を連れて帰ることが期待されていた。

このあたり、北朝鮮はなかなかしたたかで、得るものを得ても最後までカードを離さない。このような交渉姿勢は後の対米、対日交渉でも貫かれることになる。しかも自民党の実力者・小沢幹事長を引っ張り出してくるあたり、日朝正常化を進めるためには念には念を入れるという思惑があったのであろう。

同じく祝賀式典への招待を受けていた土井たか子社会党委員長一行は、小沢幹事長より一日早く、一〇月九日に日航特別機で平壌入りした。野田毅議員をはじめとする一部自民党議員と私たち外務省職員は、同じ便で先乗りした。その際、外務省からは渋谷治彦総括審議官が随行した。渋谷氏は一九八〇年代に北東アジア課長およびアジア局参事官を務め、第一八富士山丸問題解決に尽力し、ご家族との関係でも苦労した経緯がある。同氏が随行したのは、谷野アジア局長の粋な計らいであろう。

　また、二人の船員を引き取ることを想定し、医師と看護婦にも同行してもらった。一九八三年以降、抑留されてきた二人の健康が心配だったからである。

　到着した日の興味深い行事は、市内の文化会館で行われた「労働党創建四五周年中央慶祝報告会」であった。会場の後ろの方から見ていると、前方のひな壇に次々と労働党の幹部および外国からの賓客が入ってきて席に着く。中心に金日成、その向かって左隣りがマダガスカル大統領のディディエ・ラチラカ、呉《オ》振宇《ジンウ》人民武力部長、一人おいて李鐘玉《リジヨンオク》副主席と続く。金日成に向かってすぐ右側には中国共産党の宋平政治局常務委員、金正日、二人おいて土井委員長の姿が見える。ソ連および東欧圏の来賓の姿は見当たらない。

　遠くからではあったが、金正日を実際に見るのはこれが初めてであった。オーラが出ている父の金日成の前で、幾分控え目に見えるが、ときどき後ろに控える部下に何やら指示を出している。後で金正日と握手をした日本からの参加者に印象を聞いてみると、言葉数が少なく、よくわからないということであった。

翌一〇月一一日朝、小沢幹事長ほか自民党代表団の一行が平壌に到着し、錦繡山議事堂でさっそく、金日成主席と小沢幹事長との会談が始まった。二人が会うのはもちろん初めてのことである。

両者が握手して挨拶を交わす。表向きにこやかに言葉を交わすが、少し緊張感が走る。双方の代表団が席につき、会談が始まった。今回は金丸訪朝のときとは違い、外務省職員も同席し、日本側の通訳は外務省から出している。

冒頭で金日成が「近くて親しい関係になりつつあることは嬉しいことだ。幹事長がさらに大きく扉を開いてくれた」と挨拶した。これに対する幹事長の言葉をY事務官が通訳しようとすると、金日成は彼を睨みつけ、席上のマイクを叩いてこれを使えと怒鳴る。Y事務官はこれに動じずに淡々と通訳を始める。

当たり障りのない挨拶のやり取りが双方で行われた後、金日成は次のようにたたみかけた。

「扉は開いたのだから、いよいよ正常化の関係に入ることだ。三党合意についても、障害はない。これからは詰めに入るべきだ」。

これに対して小沢幹事長は「同感だ」としつつも、政府同士で正常化に向けて話し合っていくことの重要性を指摘する。金日成は小沢幹事長の平壌滞在がわずか約二四時間であることを受け、「短い訪朝なのが残念だが、ぜひもう一度訪朝して頂きたい。あなたなら大歓迎する」と何度となく強調した。

会談は午前一〇時五〇分から始まり、二五分間で終わってしまった。そしてその後、昼食会に入っていった。言葉のやり取りは友好的で柔らかかったが、雰囲気は金丸訪朝のときとまったく違うと、その場にいた誰もが思ったであろう。金丸議員が「情」の人であるとすれば、小沢幹事長は「論理と原則」の人であった。同幹事長は金丸訪朝の前から一貫して、北朝鮮との関係については冷静かつ現実的であった。その日の夜、私たちは金日成広場で開かれる勤労者のための舞踏会に招かれた。マルクス・レーニン思想や金日成主席を称えるスローガンが周りの建物に映し出されている。そして、広場を見下ろすようなスタジアムで来賓や市民が席を埋め、私たちもその一角に腰を下ろした。

眼下の広場では労働者、市民の男女が着飾り、楽しそうに踊っている。「この人たちに自由はあるのかなあ。本当に楽しんでいるのだろうか」などと思いながら、優雅な踊りをぼんやりと眺める。

†第一八富士山丸の二人の帰国

今回の訪朝の最大の関心事である第一八富士山丸の二人の船員については、帰国の可能性は高まっていたが、北朝鮮側がすんなりと帰してくれるというわけではなかった。北朝鮮側は、自民党と社会党の代表が「礼状」を一筆書くことを求めていたのである。

北朝鮮側の理屈を言うと、二人の船員は北朝鮮の自主権を侵害し（つまりスパイ行為を働いた）、服役中である。これを大恩赦で釈放するのは、自民党と社会党から度重なる要請があったからであり、この点については両党から謝意の表明があってしかるべきである。

さらに厄介だったのは、北朝鮮側が、二人が今後二度と共和国の自主権を侵害しないようにし、かつ帰国後、北朝鮮に対する非友好的な言動を行わないよう保障することを求めていたことである。

前者の「謝意」はともかく、後者の「保障」は「表現の自由」が保障されている日本国ではとても約束できない提案である。この点について、小沢幹事長をはじめとする自民党代表団は、原則を重視する強い立場で臨んだ。

「礼状」の表現をめぐる交渉は実際、労働党と社会党との間で行われていたが、自民党一行の中には、「原則」が守れないなら交渉決裂もやむを得ないとの雰囲気もあった。こういうところについても、今回の自民党代表団は金丸訪朝団とはかなり対応が違っていたと思う。

交渉は夜中を経て、翌朝まで続く。幹事長は翌一一日に日本での日程があるので、どうしても予定通り、朝九時三〇分には平壌を出発しなくてはいけない。交渉は出発直前ぎりぎりの朝七時過ぎにようやく決着した。

先方は「保障」という表現を引っ込め、次のような表現でまとまった。「両党は、両名が共和国の法律を二度と侵害しないようにし、帰国後、両名の言動が日朝友好関係の発展に支障を与えることのないよう、あらゆる努力をすることを約束します」。

これは自社両党が粘った挙句、北朝鮮側から譲歩を引き出した結果である。それでもこのような「礼状」を書いたことに対し、後日、日本国内では批判的な意見も出た。

たとえば一〇月一二日付『読売新聞』の社説は「釈放は喜ぶが、なぜ「謝意」なのか」と題する「社説」を掲載し、その中でこの「礼状」を「奇妙な文書」であるとして、二人の船員の言動に「圧力をかけようとすることは、民主主義社会の根幹にかかわる重大問題だ」として批判的に言及している。いずれにせよ、この顛末により北朝鮮の交渉姿勢が明らかになってきた。カードはなかなか手放さないどころか、同じカードを何回も使って相手から譲歩を取ろうとする。そして、文書の交渉ではぎりぎりまで粘る。

北朝鮮側は「第一八富士山丸」というカードで自民党の実力者・金丸議員の訪朝を実現させ、「戦後四五年の補償」を含む「三党共同宣言」の発出を導いた。さらに同じカードを使って同じく自民党の実力者・小沢幹事長を北朝鮮に招き、同幹事長との間で日朝正常化の重要性につき念を押すと同時に、自社両党の代表に「礼状」まで署名させ、二人の船員の帰国により日本国内で反北朝鮮的世論が醸成されないよう釘をさしたのである。

また自身の立場を貫くべく、最後の最後まで妥協しない。金丸訪朝の際も「三党共同宣言」の文言が最後にまとまったのは、当初の予定をとうに過ぎた翌日の夕方であったし、今回も出発直前の朝になってからであった。

しかしながら、北朝鮮がその立場に固執して粘れば粘るほど、日本国内においては彼らの意図とは逆の反応が生み出される場合があることを、残念ながら彼らはわかっていない。たとえば「戦後四五年の償い」にせよ「礼状」にせよ、北朝鮮側の強い要求で実現したが、仮にこれらの表現や文書がなければ、日本国内における反発はもっと緩いものになっていたであろう。

このあたり、日本国内のことが必ずしもよくわかっていないのが、北朝鮮側の限界と言えるのではないか。

さて、話を二人の船員に戻す。

一〇月一一日の朝九時過ぎ、私たち一行は皆、全日空特別機に乗り込み順安空港を出発する準備をしていた。「遅い」と、飛行機の窓から外を眺める。

するとセダンの黒塗りの車が一台、猛スピードで飛行場を横切り、全日空機の側に停車した。二人の男がボストンバッグを両手に、タラップを一気に駆け上がっていく。常に冷静沈着でいようと思っていたが、このときばかりは胸にじーんと来て、目頭が熱くなる。

一九八三年以来、約七年間にわたり北朝鮮に抑留されてきた紅粉船長と栗浦機関長の二人であった。本人確認を済ませた後、全日空機は静かに空港を飛び立ち、母国日本に向かう。

医師と看護婦が簡単な診察を行った後、本人たちの感想が間接的に伝わってきた。「日本に帰れると思うと、感無量です」「まだ実感はわきません」。二人は機内で乾杯し、マス寿司やうどんに舌鼓を打った。紅粉船長によると、最初はコンクリートで囲まれた家に軟禁状態だったが、二年四カ月間、刑務所のようなところに入っていた。今年の四月からはそこを出て、前の家に戻ったということである。

私たちの飛行機は一一時四〇分過ぎに羽田に到着した。タラップが据え付けられる。その先には報道陣のカメラの放列である。まず、ご家族が機内に入ってきて二人と再会する。言葉数は少ないが、胸が詰まる瞬間である。今井北東アジア課長以下、顔なじみの課員も乗り込んでくる。小さい声で「ご苦労さん」と声をかけられる。今までの強い緊張感が一瞬緩んだ。

船員の二人は議員に先導されてタラップを降りて行く。直ちに外務省が手配した車に乗り込み、健康診断のため都内の病院に入院した。

†予備会談で軌道修正を図る

金丸訪朝の結果、特に「戦後四五年の償い」を約束させられたことにつき、自民党の中でも

「とんでもない」と騒ぎになった。そのような国内や韓国の反発を受け、金丸議員は私たち外務省関係者に対し、「自分の役目は終わった。後は君たちでやってくれ」と述べていた。

私たちは日朝正常化交渉を開始する前に、予備会談で議題をしっかり定め、少なくとも「戦後四五年の償い」は議題から外し、北朝鮮の核開発疑惑をしっかり議題に入れることを目指した。政府は「三党共同宣言」には縛られず、国益に沿って北朝鮮側と交渉を始めようということである。

そして一九九〇年一一月三日の午後、北京の北朝鮮大使館において第一回予備会談が開催された。日本政府の関係者が北朝鮮大使館に足を踏み入れ、交渉を行うのは初めてのことである。日本側からは谷野アジア局長を団長として今井北東アジア課長他計六名が、北朝鮮側からは朱《チュ》軫極《ジングク》第一局長以下計六名が交渉に参加した。

北朝鮮側は、「三党共同宣言」を盾に、一一月中に国交正常化交渉を開始すべき旨を強く主張し、戦後四五年を含めた「償い」を交渉の中心に据えることを強調する。これに対し、日本側は準備の都合上、九二年一月下旬の開催を主張するとともに、国際原子力機関（IAEA）による核査察を受け入れるよう迫る。

交渉は翌四日、場所を日本大使館に変えて引き続き行われ、議論は正常化交渉の時期、場所、「償い」などの議題をめぐり平行線をたどる。北朝鮮側が国交正常化の早期実現に強い意欲を示していたことが印象的であった。

その後、予備会談は北京にて一一月一七日、一二月一五～一七日の計三回行われた。実は私たちは、金丸訪朝の結果、国内も党内も騒いでいたので、最初から三回予備交渉をやるつもりでいた。速やかに予備交渉をまとめる雰囲気ではなかったのである。

主要論点のやり取りにつき簡単に整理すると、まず国交正常化交渉の場所について、北朝鮮側は平壌と東京で交互に行うことを強く主張したが、日本側は第三国での開催を主張した。

私たちとしては、平壌での交渉は金丸訪朝で懲りたので、受け入れるわけにはいかない。彼らにとって、東京で開催する場合には朝鮮総連というバックアップがあるが、日本側にしてみれば平壌には何の拠点もなく、本国との秘密裏の通信もままならない。そのような主張を北朝鮮側にぶつける。

結局、正常化交渉の第一回、第二回会談は平壌、東京でそれぞれ行い、第三回目以降は第三国の都市（北京）で行うことで合意した。交渉の代表レベルについて、北朝鮮側は「自分たちは次官を出すので、栗山次官を出せ」と言う。日本側は「次官は一人しかいないし、個々の交渉を行う立場にはない」と言ってもめたが、結局、次官と同じ年次の中平立大使を代表に出すということで落ち着いた。

私たちは、「戦後四五年の償い」だけは正常化交渉の議題から削除する必要があるという強い立場で交渉に臨む。北朝鮮側は「役所が三党の合意内容を覆すのか！」と強く抵抗したが、最終的には議題に盛り込むことを阻止した。

その際、北朝鮮側は、戦後四五年の償い問題は正常化の本交渉で議論すればよいではないかと主張したが、日本側は、議題は予備会談からしっかり話すべきであると反論し、植民地時代の三六年間に限定し、「請求権と経済協力」を取り上げるよう主張した。

核の問題は最後までもめる。日本側は「議題」に明記したいが、北朝鮮側は自分たち（外務省）には手に負えないと言う。交渉の途中、軍に相談するためか席を立つこともあったが、最終的には「日朝国交正常化に関連する国際問題」という議題で合意し、この中に核の問題が含まれることが日本の立場であるということにつき、北朝鮮側から口頭で了解を取った。

以上、国交正常化交渉の議題を①日朝国交正常化に関する基本問題、②日朝国交正常化に伴う経済的諸問題、③日朝国交正常化に関連する国際問題、④その他双方が関心を有する諸問題（在日朝鮮人の法的地位、日本人配偶者問題など）とすることで合意し、第三回予備会談の最終日である一二月一七日、その旨を記した「討議の記録」（Record of Discussion）に双方の代表が署名した。

この予備交渉と成果物の「討議の記録」をもって、私たちとしては「三党共同宣言」とは切り離し、これから行われる国交正常化交渉の枠組みを、政府としてきちんと定めることができたと思う。北朝鮮との交渉に当たっては、政府同士で節目節目に署名入りの正式な文書で合意しておくことが重要である。

ここで面白いエピソードがある。これは事実上、日朝政府当局者間における初めての本格的な交渉であったことから、私たちはお互いの組織や制度を理解すべく、交渉のたびに政府の白書や組織図などを持参して渡し、先方から同様の資料の提供を促した。しかし北朝鮮側からはようやく外務省の組織図が出てきただけで、他に一切の資料は手渡されなかった。

また、こんなこともあった。交渉の合間にときどき、北朝鮮の代表団とともに食事会が行われ、雰囲気はよかった。ある晩餐会の折、自己紹介を行うということになり、日本側一人一人が立ち上がって経歴を述べた。しかし北朝鮮側の番になると沈黙が支配して誰も立たない。ある団員の日本語がうまいので、「日本に何回かいらしたのでしょうね」と尋ねると、「一回も行ったことはありません」と即座に否定した。

どうも制度やお国柄がまったく異なるようである。これから始まる国交正常化交渉は容易ではなく、紆余曲折があるだろう。そう思わざるを得なかった。

〔1〕一九八三年、北朝鮮から日本に向かった貨物船「第一八富士山丸」に北朝鮮の兵士（閔洪九）が潜入していたことが発覚し、入国管理法違反で逮捕された。その後、日本で積み荷を降ろした後、再び北朝

鮮に戻った第一八富士山丸の乗組員は、北朝鮮当局により密航幇助とスパイ容疑で逮捕され、そのうち、船長の紅粉勇と機関長の栗浦好雄は釈放されず、一五年の労働教化刑を科せられたことが判明した。政府としても粘り強く二人の釈放を働きかけたが、北朝鮮側は、元兵士を引き渡さない限り、釈放には応じられないとの立場に固執した。これに対し、日本政府は国際人道法に従い、迫害を受ける恐れのある北朝鮮に元兵士を送還することはできないとの立場を堅持し、当時日朝間で最大の懸案事項となっていた。

〔2〕当時日本の旅券には、渡航先の欄に「北朝鮮（朝鮮民主主義人民共和国）を除くすべての国・地域」と記載されており、これを北朝鮮側が敵視政策の象徴であるとして、「北朝鮮を除く」の部分の削除を求めていた。政府としては外交関係も領事関係もない北朝鮮への日本国民の渡航は邦人保護の観点から問題であるという立場であったが、金丸訪朝の結果も受け、一九九二年四月より当該部分が削除された。

〔3〕石井一『近づいてきた遠い国——金丸訪朝団の証言』日本生産性本部、一九九一年参照。同著で石井氏は「クレール・ド・赤坂」の三者協議につき、「小沢幹事長が入って来てからは雲行きが怪しくなりました。外務当局の勢いが急に強まり……。金丸先生が折れる形となって、……金丸訪朝の時期については小沢幹事長に一任するということで、……これは事実上の訪朝延期決定でした」と記している。

〔4〕北朝鮮経済については、山本栄二「北朝鮮経済の現状と今後の展望——改革・開放の行方」『New ESRI Working Paper』No. 07、二〇〇八年八月、経済社会総合研究所；http://www.esri.go.jp/ 参照。

第 二 章
日朝国交正常化交渉始まる

日朝国交正常化交渉に臨む、田仁徹朝鮮民主主義人民共和国交渉首席代表(向こう側左端)と中平交渉担当大使(手前)(1991年8月30日、北京市の朝鮮民主主義人民共和国大使館、共同)

†交渉代表団を平壌に送る

歴史的な第一回日朝国交正常化交渉は、一九九一年一月三〇、三一日に平壌で開催されることが決まった。

日本側代表は中平立・日朝国交正常化交渉担当大使である。栗山次官と同期入省で、国連局長、マレーシア大使などを歴任した。一九七〇年代に北東アジア課長を務めた際、当時朴正煕政権から弾圧を受けていた金大中氏に、支援の手を差し伸べたこともある、骨のある有能な外交官である。随行するのは竹中繁雄アジア局審議官、今井正北東アジア課長、後に北東アジア課長となる伊藤直樹事務官、条約局の関係者などで、通訳は北東アジア課の吉村保雄事務官が務める。

我々が交渉に臨む基本的立場は次の二つの側面から成り立っていた。まず、日朝国交正常化は日ソの平和条約締結と並んで日本に残された戦後処理であり、国交樹立という点では唯一残された相手国である。

もう一つは北朝鮮との国交正常化が朝鮮半島、ひいては北東アジアの平和と安全に資するものとなるべきという国際的な側面である。ここでは友好国である韓国との関係を損なわないこと、および北朝鮮の核開発疑惑の解消が中心的な課題である。

日本側としては、この基本的立場に立ちながら第一回目の交渉が平壌で行われることから、まずは相手方の話をじっくりと聞き、持ち帰ることを基本姿勢とした。平壌にいる代表団と本省との間で信頼できる通信体制が確保できず、事前に準備した対処方針以上の本格的な交渉ができないからである。

北京経由で平壌に向け旅立った代表団の後に、受け手として本省に残された関係者は、谷野アジア局長と北東アジア課の首席事務官である私ぐらいである。平壌に入った代表団から一日に二、三回連絡が入るが、通信が秘匿されていないため、当たり障りのない会話しかできない。それを受けて谷野局長、栗山次官、官邸にいる有馬龍夫外政審議室長、官邸の秘書官など要路に逐一連絡する。一方で、在京韓国大使館の金栄素《キムヨンソ》政務一等書記官から頻繁に、交渉の進捗状況について照会の電話が入る。外務省霞クラブの記者達が代表団に随行して平壌に入り取材をしているが、情報がないと言ってしきりにこちらの方に電話取材してくる。

東京の留守番役はその後も、国交正常化交渉が行われるたびに連絡・報告、照会への対応で多忙を極めた。

さて、件の第一回交渉は予定通り一月三〇日午前、万寿台議事堂（北朝鮮の国会議事堂）で開催され、まず中平代表から冒頭発言を行った。これを受け、北朝鮮側代表団長の田仁徹次官が冒頭発言を行う。

田次官は北朝鮮外務省に複数いる次官のうちの一人で、親父のような和やかな雰囲気を持ちつつも、攻めるところは攻めるやり手の外交官である。余談であるが、わが方の代表団が平壌滞在中、田次官が一度代表団を彼の自宅に招待し、夜遅くまでもてなしてくれたことがあった。

交渉は事前に合意した四つの議題に沿って進行したが、北朝鮮側からは次のような立場の表明があった。

まず「基本問題」につき、外交関係設定のためには過去、日本が朝鮮人民に及ぼした被害と損失に対して、謝罪するとともに補償すべきだ。

「経済的諸問題」に関しては、「償い」の問題は過去を清算する上で最も重要で、補償の形式は交戦国家間の賠償と財産請求権をともに適用すべきである。過去の朝日関係は植民地という関係だけでなく、朝鮮を侵略した日本とそれと戦った朝鮮人民という交戦関係として一貫している。特に一九三〇年代からは偉大な指導者・金日成将軍の指導の下、朝鮮人民革命軍が抗日戦線を正式に設置し、一五年間日本軍と戦って勝利した。

日本側はいかなる財産請求権も提起できない。残した財産があるとしても、朝鮮戦争ですべてが破壊された。

戦後四五年の被害と損失に対して償いを求める根拠は、南北分断に日本が一定の責任を有することにある。朝鮮戦争に日本は軍事人員を派遣したため、一定の責任を有する。敵視政策を取り、政治・経済分野で被害を与えた。当然支払うべき補償を支払わず、利息だけでも大変な額にのぼる。

「国際問題」に関連し、核疑惑については基本的に我々と国際原子力機関（IAEA）や米国との間で話し合うべき問題である。米国が核兵器で北朝鮮を攻撃しない法的保証が得られれば、IAEAの査察を受け入れる。

「その他双方が関心を有する問題」として、日本側が求める朝鮮在住の日本人妻[1]の安否確認や母国の肉親との通信確保などについては、国交正常化前の全面的な実現は難しいが、可能な限り実現できるようにしたい。

なお北朝鮮側は「賠償」、「償い」に関し、犠牲になった人員の規模（死者一〇〇万人、負傷者五六万人）など補償額の算出に関連する参考情報を明らかにし、これに該当する規模を提示した。

以上のような北朝鮮側の立場の表明は「三党共同宣言」に沿ったものであり、私たちの想定の範囲内であった。しかし特に「日本とは交戦関係にあった」という主張や「戦後四五年の補償」の要求は、日本側として到底受け入れることができない。一方で北朝鮮側から見ると、これは最高指導者の正当性に係る歴史観に関連する問題であり、妥協は容易ではないだろう。よって、これからの交渉は厳しいものになるであろうことを改めて痛感した。

†北朝鮮側の代表団を東京に迎える――日朝蜜月期

二回目の交渉は三月一一および一二日、東京で行われることとなった。

その前の二月二〇日から一週間程度、金日成主席、金正日書記の下で日朝交渉を労働党の立場から統括する金容淳書記が来日した。党の立場から日朝交渉が円滑に進むよう、環境醸成をするための訪日である。

金容淳書記は小沢幹事長、金丸議員、西岡武夫総務会長をはじめとする与党自民党幹部と次々と会談し、「朝日国交正常化は必ず実行しなくてはいけない」と強調した。海部総理とも自民党総裁という立場で面談し、金日成主席からの親書を手渡し、さらには竹下登元首相を訪ね、北朝鮮への訪問を要請した。

離日前の記者会見で、彼が日朝交渉の年内妥結を希望していることから見ても、当時、北朝鮮側が一～二年で国交正常化を実現しようと期待していたことは確かである。

余談であるが、金容淳書記は押し出しも立派なやり手である。しかし日本社会の基準からすると、言動がともすると傲慢に受け止められるきらいがあった。そんな調子で来日し、日本の関係者に会うと、逆に反発を招くかもしれない。そんな心配をしたのであろう、ある議員が「あんた、そんな態度やったらあかんで。もっと腰を低くせんと」とアドバイスする場面もあった。

第二回目の交渉において、私たちは北朝鮮側が第一回目の交渉で明らかにした立場に明確な反論を加えることを主な目的とし、次のような議論を行った。

日本と交戦関係にあったとする北朝鮮側の歴史観に基づく主張は、国際法上受け入れられない。日本の植民地であった朝鮮はサンフランシスコ平和条約でも、日本の分離地域として扱われている。したがって、交戦国に与えられる「賠償」を請求する権利は北朝鮮側にはなく、日朝の間では「財産・請求権」が主題となるだけである。

また、日朝間の戦後の不正常な関係は国際情勢によるものであって日本側には一切の責任はなく、したがって戦後四五年の償いは受け入れられない。

以上に加え日本側は、チームスピリット91（米韓合同軍事演習）により延期された南北首相会談を速やかに再開してほしいと強調した。また核疑惑に関し、核不拡散条約に加盟している北朝鮮としては、ＩＡＥＡと保障措置協定を締結する義務があることを重ねて要請した。

これに対し北朝鮮側は「韓国にある米軍の核も同時に査察すべきである。南北対話が延期されているのは、米韓が強行したチームスピリット91が原因である。国交正常化に核や南北対話といった前提条件を付けるべきではない」と反論する。

会談の雰囲気は実務的で淡々とした穏やかなものであった。田代表は会談後、「次回の北京会談に向けて、双方の見解の差が狭められ、共通点が見いだせる土台が形作られている感じを受けた」と語っている。

実際、この頃が日朝交渉の歴史の中で最も雰囲気のよい、言わば蜜月期であったような気がする。

前述の通り、私たちは予備交渉の時期から、まずは交渉当事者がお互いの国・制度・文化などをよりよく理解するため、政府刊行物や各種書籍・資料を交換するよう努めた。また、東京会談の際には北朝鮮側の代表団を手厚くもてなすとともに、余暇を利用して日本のことをいろいろと知ってもらおうと、日程にも工夫を凝らした。

そのような努力の一環として、わが方の代表団の一員が日本の歌謡曲のテープを平壌に持参し、先方にプレゼントしたことがあった。今回の東京会談の際には北朝鮮の代表団員が、北朝鮮で流行している歌のテープをお返しにたくさん持って来てくれた。

交渉の場外では、何人かの北朝鮮の代表団員から「これからはアジアの時代です。我々だけで仲よくやりましょう」と声をかけられる。今まで自分が抱いていた北朝鮮のイメージとはかけ離れた、友好的な囁きである。

田代表以下、幹部級の代表団のために郊外の一軒家風の場所で夕食をもてなし、その際にはピアノ演奏も入り、日朝双方が懐かしい民謡を歌いあった。比較的若手の代表団員については、日本のサラリーマンが普通に通う賑やかな居酒屋や若者が通うバーなどにも招待した。まずは互いへの理解を深めること、これが東京会談の目的の一つでもあったからである。

†水面下で北朝鮮側を諭す

第一回目の交渉で明らかになった通り、北朝鮮側の主張の中には、日本側として決して妥協できないいくつかの困難な課題があった。東京においては公式の日朝国交正常化交渉もさることながら、非公式な接触を活用して北朝鮮側にわが方の意図をきちんと伝え、今後無駄な摩擦が生じないよう努めた。

わが方の幹部から北朝鮮代表団のしかるべき人に、次のような率直な受け止め方を内々で伝えたこともあった。

これから困難で大きな問題がいくつかある。

第一に賠償と請求権の問題について。日本は請求権を主張しているが、その背後には歴史認識の違いがある。これはお国のこれまで教えてきた教育にも係る深刻な問題である。ただし率直に言って、国際的な常識として戦前の不幸な時代を含め、朝鮮半島と日本との交戦はなかったと、どの国も考えている。したがってどのレベルに上げても政治レベルに上げても、交戦関係→賠償という姿勢は日本として取り得ない。何年かかろうと駄目である。賠償→戦時賠償→

背景交戦、そういう論の構成には国際的にもならないと思う。

第二に核査察問題で、これは日本国内で大きな関心事になろうとしている。『朝日新聞』は相当進歩的で、お国との正常化に前向きな新聞社であるが、これさえ雑誌『AERA』今週号ではお国の核の問題を写真入りで報道した。後で別途お渡しする。米国は宇宙から写真を撮り、私どももそれを見せられた。彼らは強い確信をもっている。

いずれにせよ皆様も知らないだろうし、判断の材料がない。これだけ国民の関心の的になっているので、お国が保障措置協定の締結に踏み切って頂くのが正常化を前進させるきっかけとなる。かつて核不拡散条約（NPT）に入るか入らないか、日本でも議論あった。これは査察につながるため、自民党でも議論があったが、日本は唯一の被爆国として反対を押し切ってNPTに入り、査察の義務を負うことになった。国民が心配しているのは、貴国が国際的義務を怠っていることである。国際約束を履行しないのは駄目である。

第三に戦後四五年問題である。金丸議員は利子分の上乗せであるという議論をし、社会党にもそれなりの考え方はあるが、これは金丸議員がどう言おうと利子でいくら上乗せという考え方は絶対に無理である。この考え方が国内で国民の支持を受けることはあり得ない。よってこれは、主張されてもまったく実現する見通しがないことをよくわかってほしい。

議論は三六年を対象とした請求権となる。韓国が通った道について言うのは好きではないが、韓国では請求権の金額を確定できず、結局は経済協力で決着した。北朝鮮についても恐らく同じような議論になると思う。

第四に南北対話である。南北首相会談の再開までは日朝交渉はやめてくれという話はあったが、私たちは一つ一つの交渉の進め方について南の話を聞く必要はないと思っている。よって、第三回正常化交渉を北京で行うことに合意した。北朝鮮には北朝鮮の立場があると思うが、南北が話し合っている状況が日朝正常化交渉にもいい環境を作ると思う。これは私たちの強い気持ちである。

以上四点を一方的に言ってきたが、私たちはこの交渉を進める責任者として手練手管ではなく、誠実にやるつもりである。たとえば一〇億のところを値切って四億に落とすということは好きではない。以上の点は率直なもので、あまり譲れるところはないということをぜひわかってほしい。対立する諸点について、日本で数歩下がって収める点はほとんどない。これは交渉上大事と思うので申し上げる。

他方、お国のいくつかの点についてはお国の立場があるのもわかるので、私たちは困難な状況にあると言った。以上を国に持って帰って頂いて要路に伝えてほしい。北京ではいつでも連絡して頂いて結構である。日本人妻の安否調査などについてもよろしくお願いする。

これに対し、北朝鮮側は次のように語った。

貴方が率直に立場を言ってくれたことを注意深く聞いた。貴方が指摘した問題は本会談の原則、基本の問題である。予備会談から今まで双方の国家利益のため努力し、その間、人間的に親しくなった。一つ一つコメントすれば論争になるかもしれない。

たとえば「賠償」について、日本側は「請求権」と言ったが、私たちがそれを受け入れることは難しかった。自分の政府の立場を代弁しようとしても、歴史的事実を否定することはできない。中平団長は、抗日パルチザンは中国の下で戦ったと言ったが、主席のやったことを無視することを許すことはできないのではないか。これは歪曲であり、これでは駄目である。要は私どもは被害者であり、日本は加害者であるということである。交渉が進むにつれ、賠償の問題についても日本側で考える余地があるのではないか。

ＩＡＥＡとの予備会談を見ると、議論はあったが、最後になればいろいろな道があるのではないかと思う。戦後四五年の問題は、共通点を求めて努力すれば解決するのではないだろうか。いずれにせよ、一つ一つ論争しても結論を出すのは難しいであろうから、十分に研究してやるほうがいいと思う。歴史論争に入っていくのはどうかと思う。

†李恩恵問題の浮上

五月一六日付の各紙は「李恩恵《リウネ》」について、警察庁と埼玉県警が一五日、昭和五三年（一九七八年）六月頃に失踪した豊島区内の元飲食店員（三五）である可能性が極めて高いと発表した、と報じた。

「李恩恵」とは、一九八七年の大韓航空機爆破事件の工作員である金賢姫《キムヒョンヒ》に日本語を教えたとされる人物である。金賢姫工作員はすでに「李恩恵」の存在を明らかにしていたが、警察庁は今回、外事一課長を韓国に派遣し、一五日午前にソウル市内で複数人の女性の写真を金元工作員に見せたところ、元飲食店員が「李恩恵」だとして写真を指差したという。

この発表を受けて外務省は警察庁から、来る日朝交渉で「李恩恵」の消息を確認してほしいとの要請を受けた。第三回の正常化交渉は五月二〇日に迫っていた。

北京で開かれた第三回交渉は緊張感に包まれており、第一回、第二回の穏やかで友好的な雰囲気とは違っていた。冒頭北朝鮮側の田代表は「日本の状況を見ると、邪悪な風波、嵐が押し寄せてくるのではないかと思われる」と発言し、中平大使の冒頭発言に対し、自らは冒頭発言を行わず、「会議の進め方を話し合いたい」と提案した。そして「第一議題（基本問題）をまず討議し、その後に外交関係を設定し、その後に第二議題以降を処理していけばいい」と述べた。

これは煩わしい「核問題」や「南北問題」の議論を後回しにしたいという考えから出た提案であったと思われるが、「李恩恵」問題を避けようとする意図もあったのではなかろうか。

中平代表はこの提案を拒否し、「警察の捜査によると金賢姫元工作員の日本人教育係、李恩恵と言われる女性が日本から失踪した特定の人物とほぼ断定されたので、消息などを調査してほしい」と要請した。

これに対して田代表は「日朝交渉における議題の下でそれを取り上げたのか。そのような議題はない。会談の秩序を乱す破壊行為だ。撤回を求めたい。断固拒否する。これは共和国への侮辱であり、発言を撤回、謝罪しない限り話をするわけにはいかない」と激しく反応した。その結果、第三回交渉は次回交渉の日程を決められないまま終了したのである。

ところで、いわゆる「拉致問題」については一九九七年に「北朝鮮による拉致被害者家族連絡会（通称「家族会」）」が発足し、二〇〇二年の小泉訪朝の際、金正日がこれを認めることによって明らかになったが、当時はどのように扱われていたのであろうか。「李恩恵」については、以上のような経緯で正常化交渉の場でも取り上げられるに至ったが、それ以外の被害者についてはどのように認識されていたのであろうか。

一九八八年になされた梶山静六（当時）国家公安委員長による国会答弁が改めて注目されている。同年三月二六日の参議院予算委員会で、梶山委員長は「昭和五三年以来の一連のアベック行方不明事犯、恐らくは北朝鮮による拉致の疑いが十分濃厚でございます。解明が大変困難ではございますけれども、事態の重大性に鑑み、今後とも真相究明のために全力を尽くしていかなければならないと考えておりますし、本人はもちろんでございますが、御家族の皆さん方に深い御同情を申し上げる次第であります」と答弁している。

そして一九九一年五月、「李恩恵」の身元がほぼ明らかになったことを受け、警察庁は同時期にアベック失踪事件が相次いだ福井、鹿児島など各県警に再捜査を指示し、両県警は五月一八日に捜査班を設置した。これは元飲食店員と同様に拉致された疑いが強まったためで、情報の洗い直しを急ぐ方針と報じられている。[2]

しかし残念ながら当時、他の失踪事件については北朝鮮による拉致被害者として認定するまでには至らず、関係省庁から日朝交渉で取り上げるよう要請がなされた記憶はない。

ただ札幌市、熊本市の男性二名と神戸市の女性一名の消息を知らせる手紙が、一九八八年に北朝鮮から札幌市の家族に届いたことがあった。これを受け、この三人のご家族が日朝交渉が始まる直前の一九九一年一月一六日に外務省を訪れ、消息確認と帰国のために北朝鮮への働きかけを求める要望書を提出している。[3]

私たちはこれを受け、第一回正常化交渉で三名の消息の確認を北朝鮮側に求めたが、第二回交渉の際、北朝鮮側より「そういう事実はない」との回答がなされた。[4]

当時はいわゆる「拉致事件」に関する情報は極めて限られていたし、日本国内では「李恩恵」問題を除き、政官界、言論界を含め、この問題に対する関心は低かった。「日朝交渉をできる限り進める」というのが当時の主流であった。

†核問題をめぐり米国と激しいやり取り

日朝国交正常化交渉を開始するあたりから、米側から様々なルートを通じて、日本側に対し、北朝鮮の核開発問題について注意喚起がなされ始めた。それは実務的なレベルから大使、大臣レベルにまで至り、しばしば情報筋による説明も行われる。たとえば九一年三月、ベーカー国務長官は訪米中の中山太郎外務大臣と会談し、日朝交渉の中で北朝鮮の核査察問題に取り組んでほしいと要請している。

私たちは金丸訪朝以前から、北朝鮮に核開発の疑惑があること、核不拡散条約に加盟しながらその義務であるＩＡＥＡによる査察を受けていないことに強い懸念を有していた。しかし実際に、北朝鮮における核開発の実情がどうなっているのか、具体的な情報が不足していた。

米国側からは北朝鮮の寧辺に五メガワットの黒鉛減速炉が存在すること、さらに追加の原子炉を建設しようとしていること、再処理施設と思われる施設が建設されつつある（あるいはすでに建設されている）などといった情報が寄せられる。黒鉛減速炉から搬出された使用済み燃料棒を再処理すれば、兵器級のプルトニウムを抽出することが可能になり、核物質の拡散ひいては核兵器開発の危険性が現実のものとなる。

私たちとしては最低限の法的義務として、北朝鮮にＩＡＥＡとの保障措置協定を締結させ、すべての核関連施設を国際的な査察の下に置かせるべきということで意見は一致していた。しかしそこから先、仮に北朝鮮に再処理施設が存在するとして、その停止・廃棄まで要請するかどうかについては結論が出ていなかった。少なくとも国際社会においては、再処理施設は法的に禁止されているわけではない。事実、日本には再処理施設がある。

しかし米国は核の不拡散を重要な国益と捉え、特に朝鮮半島においては核兵器開発につながり得る再処理施設は南であれ、北であれ、決して許すことはできないとの立場をとっていた。

一九九一年五月、第三回日朝交渉の直前、私は谷野アジア局長とワシントンに出張し、国務省のリチャード・ソロモン東アジア・大洋州担当次官補と北朝鮮の核問題や日朝交渉について意見交換したことがあった。

ソロモンは「北朝鮮がＩＡＥＡと保障措置協定を締結することは確かに重要であるが、最初のステップに過ぎない。究極的な目標は核の拡散を防ぐこと、すなわち南北に再処理をさせないことである」と主張した。これに対し、私たちが「北朝鮮が保障措置協定を締結すること、そしてすべての核関連施設についてＩＡＥＡの査察を受けること、ここまではＮＰＴ上の義務であり、明確である。しかし再処理施設を停止させることは国際法上禁止されているわけではなく、性格が異なる」とこちらの考えを述べたところ、ソロモンは語気を荒げて反論した。

「IAEAの事務局長は、北朝鮮が再処理しているかどうか証拠がないと言ったようであるが、この問題は日本自身の問題、あなた方の安全保障の問題である」。

谷野局長がその場を繕うように、間に入って次のように述べる。

「核の問題につき、最初の二つの段階は明らかな国際義務違反であるが、三点目は性質が異なる。これは相互安全保障の問題で共同の努力が必要であり、米側もこの問題を北朝鮮に提起することを期待する。もし我々が再処理施設の停止の話をするとすれば、何らかの代替措置が必要であろう」。

最後にソロモンは静かに言った。「もし日本が資金的な影響力を行使しないのであれば、日本の安全にとって悲劇である。我々も北朝鮮に指摘する努力はする」。

その後、私たちは部内で議論を重ねた。その過程で、米国の意を受けた北米局幹部からの働きかけもあった。その結果、私たちは北朝鮮に対し、再処理施設を有しているのであれば、それを停止し廃棄することを求める方針を固めたのである。

当時、谷野局長が再処理施設の停止を要求する場合の「代替措置」にすでに言及していたのは興味深い。後の米朝間の「合意された枠組み」、すなわち北朝鮮に黒鉛減速炉と関連施設の凍結・廃棄を求める代わりに軽水炉を供与するということを念頭に置いていたわけではないだろうが、現実には一九九三年、九四年の第一次北朝鮮核危機を経て「代替措置」の方向に進んでいくのである。

この当時の米国とのやり取りを思い起こすと、後の二〇〇二年九月、小泉総理の訪朝の直前に米国から、北朝鮮が秘密裏に濃縮ウランの開発を行っているとして、慎重に対応するよう申し入れを受けたことと状況が重なってくる。偶然の一致であろうが、日朝の間に大きな動きが出てくると、米国から北朝鮮の核開発について具体的な情報の提供があり、警鐘が鳴らされる。

もちろん米国が日朝関係にくさびを打ち込み、嫌がらせをするため、故意に偽情報を流したわけではないであろう。一九九一年当時の再処理施設の情報は後に事実であったことが証明されるし、二〇〇二年の濃縮ウラン情報についてものちに裏付けられる。

もっとも、米国の情報がすべて正しいとは限らないことは二〇〇三年の対イラク戦争に導いた核開発の情報が不正確であったことを挙げるまでもない。北朝鮮についても一九九〇年代後半、米国側が金倉里に地下核施設があると指摘したが、現地調査の結果、これは事実でないことが判明した。

問題は日米間の情報の共有にあると思う。たとえ友好国であっても、米国が重要な情報機関の情報をすべて日本と共有することはあり得ない。一九九一年の再処理施設も二〇〇二年の濃縮ウランも、米国はそれ以前から情報を摑んでいた。それを日本側と共有するに至ったきっかけとタイミングが、日朝国交正常化交渉および小泉訪朝であったということであろう。米国に限らず国家は重要かつ機微な情報を、最も効果的で必要なときに友好国に提供するのである。

†日朝交渉にブレーキをかける韓国

韓国政府は前述の通り、社会主義諸国との関係改善を追及する「北方政策」を推進する一方、「北朝鮮が米国や日本など、わが国の友好諸国との関係を改善するのに協力する用意がある」と表明していた。そして一九九〇年九月にはソ連との国交を樹立し、九一年前半の時点で中国との国交樹立に向け着々と手を打ち、なおかつ国連南北同時加盟を推進していた。

しかしクロス承認の観点から、韓国政府が日朝国交正常化に好意的、寛容であったかと言えばそうではなかった。韓国政府の主な関心事は南北対話の促進と核問題の解決、すなわち北朝鮮に核査察を受け入れさせることにある。後者の核査察問題については日本自身の安全保障にかかわる問題であったので、日韓の立場はほぼ一致していたと言えよう。

南北対話については、一九九〇年九月から始まった南北首相会談が九一年に入ってチームスピリット91（米韓合同軍事演習）の影響により一時中断されていたため、韓国側から、日朝交渉の場で北朝鮮側に南北対話の再開に応じるよう働きかけてほしいとの要望があった。また、同年四月に行われた第六回日韓外相定期協議の場で、中山外務大臣は李相玉《イサンオク》外務部長官に対して韓国側の立場を尊重し、「北朝鮮が主張する南北単一議席による国連加盟方式は非現実的である。日本も国連同時加盟を認めるよう北朝鮮に働きかける」と述べている。

このように、日本側としては韓国側の要望に最大限配慮しつつ日朝交渉に臨んでいたが、韓国側には日本は何か隠しているのではないか、韓国の意向を無視して北朝鮮との交渉を飛躍的に進めるのではないかといった疑心暗鬼が常にある。私たちとしても日朝交渉の進め方について、箸の上げ下ろしまで一つ一つ韓国側の意向に縛られるつもりはなかった。

したがって韓国側が「我々と協議しながら日朝を進めてほしい。日朝交渉は南北対話と歩調を合わせ、並行して行ってほしい」と主張するたびに「協議」と言う文言を避け、「連絡」を取り合うと言い換えたし、「南北対話と歩調を合わせる」ことについては慎重に言質を取られることを避けるようにした。

九一年四月、私は中平大使に同行して韓国を訪問し、同国政府の要人と対北朝鮮政策について意見交換をしたことがある。当時、北朝鮮と最も頻繁かつ深く接触していたのは日本であったため、韓国も米国も日本の話を聞きたがり、中平大使は韓国で大変な売れっ子になった。それでも彼らは日本側に釘をさすことを忘れない。

ある韓国の高官は、私たちに次のようにレクチャーした。

「北朝鮮の交渉態度の特徴は、とんでもない要求を提示するということである。これを反復し、後で引っ込め、相手からより大きい譲歩を引き出す。戦後四五年の償いは、まさにとんでもない要求の典型例である。相手が譲歩すれば相手は弱いと考え、さらに大きな条件をつけてくる。手を変え品を変え、相手を疲れさせる持久戦略をとってくるので、妥協よりは圧力をかけることが重要である。追い詰めていったほうがよい」「国民、政治家等にアプローチして、組織的に主張を宣伝してくると思う」。

「南北対話については、北朝鮮は進めたくないようである。他方、日朝は早くやりたいかもしれない。日本が急げば、北朝鮮は南北対話に関心を失う」。

「朝鮮半島の緊張緩和が必要である。日本から資金が入れば、北朝鮮は軍事力の削減なくして経済困難克服が可能となり、緊張緩和にマイナスとなるのではないか。経済支援の時期・規模は、北朝鮮の軍事力削減に結びつくように配慮してほしい」「IAEAに関する日本の毅然とした立場に感謝している」。私たちの方からは「日本は焦って交渉する必要はないので、安心してほしい」と述べておいた。

日朝関係の急速な展開を拒絶する韓国の立場を象徴する出来事があった。南北国連同時加盟に伴い、日本として北朝鮮を国家承認するかどうかという問題である。

一九九一年五月二七日、第三回日朝会談の直後、北朝鮮が外務省声明をもって「南朝鮮当局者により作り出された一時的な難局を打開する措置として、現段階で国連に加盟する道を選ばざるを得なくなった」として、韓国が進めていた南北国連同時加盟方式を受け入れる方針転換を行った。そして同年九月、国連総会の開幕に合わせて南北両朝鮮の国連加盟が実現する運びとなった。

そのとき、外務省内では条約局を交えて議論が行われていた。北朝鮮の国連加盟申請は、韓国の加盟申請と同時に国連の場で満場一致で承認される段取りになっている。その場合、わが国もその承認に参加する限りにおいて、そのことが北朝鮮という国家に対する黙示の承認を構成することになりはしないかという懸念があった。「国家承認を意味するものではありません」というディスクレーマー（否認の声明）を行えば、それを明示的に避けることができるかもしれないが、国連の場で拍手をもって新規加盟国が承認される状況でそのような声明を行うことはためらわれる。

国際法上、国家承認の要件は①領土、住民、実効的な政治権力が確立しているか、②国際約束を締結し、これを順守する意思と能力があるかの二点であると言われている。北朝鮮については、前者の要件はすでに満たされていると考えられるが、国連に正式に加盟する限り、後者の要件も満たされると考えるのが自然である。後は、日本政府の政策的判断である。また英国などの西側友好国も、南北朝鮮の国連加盟を契機に北朝鮮の国家承認に踏み切る意図を明らかにしていた。

そこで齋藤泰雄北東アジア課長が韓国を訪問し、関係者と非公式に意見交換を行った。ところがその結果、韓国政府が強く反対することが明らかになったのである。韓国政府はいろいろなルートを使い、南北対話や核査察問題で北朝鮮の誠意が見られない状況で仮に日本が国家承認すれば、北朝鮮に誤ったサインを与えかねないとして憂慮を表明し、慎重な対応を求めてきた。

このような韓国側の強い懸念を踏まえ、私たちは北朝鮮の国連加盟の機会に国家承認をすることは差し控えたのである。

その頃、私が韓国に出張した際、在韓国大使館の公使が韓国の学者を集め、昼食を取りつつ意見交換する場を設けてくれた。私はそこで国家承認の問題について、かなり率直に私見を述べた。

これに対し、同席していた某教授は声を震わせ、「日本が韓国の頭越しに北朝鮮を国家承認することは認められない。欧州の国ならともかく、日本は特別だ」と激しく反論する。

あまりに感情的な反発で、議論する雰囲気ではない。旧知の韓昇洲《ハンスンジュ》・高麗大学教授（後に外務部長官、駐米大使）がその場をなだめるように、いつもの静かな口調で次のように語った。

「山本さんの言うことは論理としては理解できるが、韓国の人達はそのような議論は感情の問題として受け入れられないのですよ」。

某教授の様な反応は、当時の韓国では一般的であったと思う。日朝関係は、韓国人の感情に触れる極めて機微な問題であったのだ。そのような感情的な対応は後の金泳三大統領時代、米朝関係の急接近をめぐっても繰り返される。韓国が日米による北朝鮮への接近に理解と寛容な態度を示すには、金大中政権の誕生を待たねばならなかったのである。

†膠着状態の打開に向けて平壌に乗り込む

さて、話を日朝関係に戻す。一九九一年五月の第三回会談は「李恩恵」問題の関係で、次回の日程を決まられないまま終了していた。北朝鮮側は「李恩恵」問題を提起したことにつき、日本側より謝罪と撤回がなされない限り、次回会談には応じられないという態度で、言わば穴に閉じこもってしまっていた。

一方でこの頃、日本の市民や政治家の間から日朝関係の改善を求める動きが起こる。〔5〕社会党幹部が海部総理を訪問し、国交正常化の早期妥結のため、政府が誠実に対処すべきであると要求した。また、朝鮮労働党国際部の宋日昊課長と金日成の通訳を務める黄哲《ファンチョル》が来日し、与野党議員および外務省関係者と接触した。当時の国内の雰囲気は「北朝鮮が折れてくるまで放っておけばよい」では済まされないようなものであった。

外務省内で対応策が協議された。「李恩恵」の消息確認は取り下げるわけにはいかないが、交渉をこのまま中断させておくわけにもいかない。わが方の考え方を整理して北朝鮮側に改めて伝えるとともに、相手側の出方・感触を探ることとなった。その役割は朝鮮語のできる私に託され、七月極秘裏に平壌を訪問することとなった。

この平壌行きについて北東アジア課の中で知っているのは、課長の他一名だけである。当時は毎日のように、外務省霞クラブの記者達が課の中に乗り込んで来ては取材をする。出発直前のある日、早めに夏期休暇を取ることで口裏を合わせていた私の日程を見て、某記者が「まさか、北に行くんじゃないだろうな」と鋭い質問を投げかけてきた。思わず「実はそうなんだよ。よくわかったな」と答えたが、記者達は皆、冗談としか受け止めなかった。あのときは記者の人達に申し訳なかったと、今でも思っている。

紙切れ一枚の対処方針をもって成田を出発し、北京の空港に降り立つ。そこにはY書記官が出迎えに来ていて、手際よく通関・入国審査を手伝ってくれる。彼は空港の玄関を出るとおんぼろのタクシーを捕まえ、査証を取得するため北朝鮮大使館に直行した。目立つので日本大使館の公用車は使わないということである。その後、日本大使館に短時間立ち寄り、知っている同僚に顔を合わさないようにし、持ってきた対処方針を暗記してそれをシュレッダーに放り込んだ。

北京の空港で平壌行きの高麗航空機に乗り込む。一九九〇年一〇月以来、三回目の訪朝であるが、過去二回はいずれも特別機の直行便で移動したため、北京から民間航空機に乗り込むのはこれが初めてである。

ソ連製の古いジェット機でいささか不安であるが、機体は震えながら加速度を増し、何とか離陸に成功した。そのとたんに軍隊調の音楽が華々しく機内に流れ出す。「離陸おめでとう」と言った感じである。そして間もなく、薄く切ったソーセージとキュウリにパンを添えたものが入ったプラスチック製の弁当箱が配られた。飲み物を載せたカートには梨ジュースや龍城ビールなどが並べられている。

窓から地上を見下ろし、そろそろ中朝国境かなと思ってぼんやり眺めていると、二重窓の間に「シュー」と水蒸気が噴き出している。

ほどなく飛行機はなじみのある順安空港に着陸した。私たちの宿泊先は「高麗ホテル」である。過去二回、最高級の迎賓館である「百花園」で隔離されていたため、普通の街中のホテルに泊まるのはこれが初めてである。翌日はいよいよ北朝鮮側とやり取りをしなくてはいけない。緊張感が高まる中、早めに床につく。

翌日の午前中、外務省担当課の課長代理すなわちカウンターパートと意見交換を行う。初めて会う相手である。対処方針に基づき、提起の仕方はいろいろあり得るかもしれないが「李恩恵」の消息確認は日本側として求めていかざるを得ない、として日本国内の状況を縷々説明する。先方は慎重に聞くという態度である。私は「北朝鮮側の考え方を教えてほしい。謝罪や撤回は論外である」とはっきり言った。

北朝鮮側は検討と調整に時間がかかるのであろう。しばらくの間、社会科学院の専門家などとの一般的な意見交換に時間を費やした。日朝交渉が始まっていたせいか、先方の専門家のあたりは柔らかい。

そして夜になると、金丸訪朝以来、何回か付き合いのある労働党の宋日昊と黄哲が「飲みに行きましょう」と誘ってくるのでしばし話をする。彼らは、実質的な話は外務省の任せるという具合でしきりに「誰に会いたいのか」と聞いてくる。やはりできる限り、高いレベルの責任者から北朝鮮側の立場を聞く必要があったので「局長レベルの人に会わせてほしい」と依頼した。

こちらとしては何も焦る必要はないし、時間もたっぷりとある。専門家を訪問したり、市内見学をしたりするうちに宋日昊から急に「金容淳書記に会ってもらう」と言ってきた。いささかレベルが高すぎるのではないかと思ったが、こちらも外務省を代表して来ているため快諾した。

会議室の中で待っていると金容淳が入ってきて、なんと軍服を着ている。「軍事訓練があって、そこから抜けて出てきた」と、まずは威圧的な態度と挨拶から始まる。「あなた達の話は聞いた」とした上で日本側の対応はけしからん、と滔々とまくし立てた。こちらから日本の立場を改めて述べたが、あまり聞いている気配はない。会議は三〇分ほどで終わり、金容淳書記からは、この問題に対する北朝鮮の具体的な考え方は伝わってこなかった。

いよいよ帰るという日、外務省の担当局長との面談が成立した。先方は会うなり韓国の新聞記事を振りかざしながら恫喝し、攻勢に出た。「今回の訪問は日本側の要請で極秘にしてほしいと言ってきたのにこれは何だ！　南朝鮮の新聞にこんなにでかでかと出ているではないか！これではとても信頼関係をもって交渉もできない」。

一瞬、何の事かよくわからなかったが「あぁ、また韓国当局がリークしたのか」と思った。この訪朝については日本国内でも知る人はごくわずかであったが、韓国と米国には極秘含みで事前に伝えてある。

最初の一撃が終わると、担当局長は日本側の考えをあれこれ確認し、最後に「何とか公式の会談ではなく、非公式の会談でこの問題を提起してもらえないか」と立場を明らかにした。これが北朝鮮側の提案であるが、当然即答はできず、「持ち帰って検討する」と答えるにとどめた。

東京に戻り次第、外務省内で打ち合わせが行われ、対応が検討される。そのうえで北京で日朝の接触が行われ、その結果、次回の正常化交渉を八月下旬に北京で行うことに合意し、その旨が発表された。
中断状態となっていた正常化交渉は再び動き出し、「李恩恵」問題は次席レベルの実務者協議で取り扱われることとなった。

†激動の朝鮮半島と日朝交渉の推移

日朝国交正常化交渉が行われていた一九九一年から九二年にかけては、冷戦崩壊の影響が朝鮮半島にも直接及びはじめ、この地域をめぐる情勢は大きく変化しつつあった。日朝交渉の中身が周辺情勢の変化に追いつかなかった気がする。

「南北対話」については九一年当初、南北首相会談が中断されていたため、私たちは交渉の再開を北朝鮮側に求めた。また韓国側の要請を受け、南北国連同時加盟を促した。これに対し、北朝鮮は南北で話し合うこととして日本の介入を嫌ったが、第三回交渉の直後の五月末、北朝鮮側は南北同時加盟に方針を一大転換し、九月に南北の国連同時加盟が実現する。そうして南北首相会談も再開され、一二月には「南北間の和解と不可侵および協力・交流に関する合意書（南北基本合意書）」が署名された。

つまり日本が求めていた南北関係改善は大いに進展し、この面で日朝交渉を進める環境は整いつつあったのである。

また核問題についても、情勢は根本的に変化しつつあった。北朝鮮は南からの核兵器の撤去と南北同時査察を主張していたが、九月になってジョージ・H・W・ブッシュ大統領は世界的に地上からの戦術核兵器の撤去を提案し、韓国についても核兵器の撤去を確認した。これを受けて盧泰愚大統領が一一月、朝鮮半島の非核化を宣言し、一二月に南北非核化共同宣言がまとまるのである。この宣言では、南北双方が再処理施設も所持しないことを約束していることが重要なポイントである。

北朝鮮側はその間、IAEAとの間で保障措置協定案文の交渉を進め、九二年一月には同協定が署名され、四月には批准されていよいよ北朝鮮に対する核査察が始まった。

つまり核問題においても日朝交渉を進める環境が醸成されつつあった。日本側の観点からすると、「国際問題」の二つの柱である「南北対話」と「核問題」について乗り越えるべきハードルは低くなりつつあった。

北朝鮮側からすれば国際情勢、地域情勢はますます緊張を高め、追い詰められつつあると感じていたとしても不思議ではない。かつての盟友のソ連はすでに一九九〇年九月に宿敵韓国と国交を樹立したのみならず、九一年一二月には消滅してしまった。最後の頼みの綱とも言える中国と韓国との国交樹立も時間の問題であった。韓国と米国は外交、南北対話、核問題において次々とイニシアチブを取り、北朝鮮は守勢に回らざるを得ない。北朝鮮の生存、体制が危機に晒されていたのである。

このような国際環境の変化により、九一年後半から九二年にかけては日朝関係が大きく前進する可能性があった。しかし後述の通り、実際には九二年に入り、北朝鮮側の日朝正常化に対する関心は急速に冷めていくのである。

†意外と進んでいた交渉

それでは、「国際問題」以外の正常化交渉の核心部分である「基本問題」と「経済的諸問題」について、交渉はどの程度まで進んでいたのか。対外的にはあまり明らかになっていないが、それなりの進展を見せていた。

「基本問題」の議題の下ではある時点から、正常化の際に締結されるであろう「日朝基本条約」に盛り込むべき要素について具体的な議論が日朝間でなされる。日本側がモデルにしたのは「日韓基本条約」であり、その要素は自ずと明らかであろう。

基本的人権や国際法の尊重など、国連憲章の原則を尊重することについては双方で意見の一致があった。

日韓併合条約をはじめとする過去の条約の効力については、日本側は「当初は有効である」という立場であるが、北朝鮮側は「当初から無効である」という立場を譲らない。

「経済的諸問題」に関して北朝鮮側は当初、日朝は交戦関係にあったとして（戦時）「賠償」を要求していたが、やがてこれを主張しなくなる。戦後四五年の謝罪と償いについても、第二回交渉以降は言及しなくなっていた。

引き続き「補償」ないし「償い」の要求は取り下げなかったが、日本側より提示した「財産・請求権」の枠内で、具体的・客観的な資料と法律的裏付けがあれば「償い」も含めた請求を検討することができるという議論の土台に乗ってきていた。

そのうえで、私たちとしては戦後四五年以上経った現時点で「財産・請求権」の基礎となる客観的資料を集めることは非現実的であろうから、この際、両国および国民の財産・請求権はお互いに放棄し、別途、日本から北朝鮮に対し経済協力を行う原則を提示した。これを聞いた李三魯《リサムロ》代表は、日本側の提案を評価するのである。

ちなみにこのような方式は日韓国交正常化の際に取ったものであり、北朝鮮に対してもこの方式で進めるしか選択肢はなかった。なお「財産・請求権」は相互に放棄し、別途経済協力を行うという方式は二〇〇二年の「日朝平壌宣言」に明記されている。

つまり「経済的諸問題」は原則論を超え、経済協力の具体的金額について協議できる段階にまで来ていたと言えるかもしれない。もちろん核開発の疑惑が完全に解消し、「李恩恵」の問題が解決することが前提ではあった。

†なぜ交渉は二年弱八回で決裂したか

一九九二年に入ると北朝鮮側は交渉で、核問題の進展を背景に「核の脅威はむしろ日本側から来ている」として、日本のプルトニウム利用計画を批判し始める。また「償い」問題に関連し、当時、日韓間で従軍慰安婦問題が浮上していたことを踏まえてこの問題を提起し、「日本側は謝罪と補償をすべきである」と言って攻勢に出た。

このような変化はあったが交渉は着実に進み、田仁徹代表の突然の死去を挟み、五月には中平代表と新しく北朝鮮側の代表となった李三魯との間で第七回交渉が行われる。

しかし第七回交渉が終わったあたりから、日朝正常化交渉に対する北朝鮮側の対応が消極的になり始めた。当初は次回会合を七月に行うことになっていたが、日本側からの再三の働きかけにもかかわらず、次回交渉の具体的日程がなかなか決まらない。その頃、李三魯代表は内々中平大使に「七月に予定されている日本の参議院選挙の動きを見ている。日韓の方式を調べている」と伝え、日程が決まらない背景について説明したが、この選挙が自民党の大勝に終わった後も日程は固まらない。

当初、七月末の開催を想定していた日本側はその後、八月下旬の開催を打診したところ、北朝鮮側からは反応がない。

第八回交渉は一一月五日になってようやく北京で開催された。前回の会合からほぼ半年ぶりの開催である。これまでだいたい二カ月に一回、交渉が開催されてきたことから考えると、この空白期間は異常である。

そしてその久しぶりに開かれた交渉も半日で終了する。午前中、双方で冒頭に簡単なやり取りがあった後、午後の実務者協議で北朝鮮側の千竜福副局長が「日本側はありもしない日本人女性の問題を持ち出しており、これ以上協議は必要ない」と述べ、四人全員が一方的に退出したため五分で中断となった。日本側は「実務者協議が再開されなければ、本交渉には応じられない」と北朝鮮側に通告した。彼らは最初からやる気がなかったのである。これをもって、一九九一年一月から行われてきた日朝国交正常化交渉は二年もたたないうちに決裂した。

日朝交渉決裂の理由は「李恩恵」問題であると一般的に言われているが、そんな単純なものであろうか？　日朝交渉に見切りをつけた北朝鮮の判断の背景は何であったのか？　閉鎖的な北朝鮮内部の意思決定を知ることはできないが、次のようなことが言えるのではないか。

当時、北朝鮮が社会主義諸国の崩壊や韓国の攻勢により追い詰められていたことはすでに記したが、それ以外にいくつかの新たな動きがあった。

一つは、北朝鮮国内で正式な権力の移譲が行われつつあったということである。九二年四月一五日は金日成の八〇歳の誕生日であったが、その前後に金正日が最高責任者として前面に出始める。
金正日は一九七〇年代初頭からすでに「唯一の後継者」に指名されており、一九九〇年頃までには実質的に党、軍、政府の実権を握っていたと思われる。九一年一二月に人民軍最高司令官に就任し、九三年四月には国防委員長となった。九二年四月、金容淳書記は金正日について「軍の最高司令官だけでなく内政・外交全般を担当し、日朝交渉の最高責任者となった」と語っている。〔6〕
二つ目にその頃、北朝鮮の指導者・高官から対米関係改善への強い意欲を示す発言が目立ち始める。たとえば金日成はワシントン・タイムズ紙との会見で「可能な限り早く平壌に米大使館が開設されることを望む」と語っている。〔7〕言葉だけにとどまらず実際、九二年一月金容淳書記が訪米し、カンター国務次官との会談が実現した。このような高官級の米朝会談はこのときが初めてであった。
三つ目に日本国内の事情として、北朝鮮にとって日朝交渉を進めるにあたり、最大の理解者であり後ろ盾であった金丸自民党副総裁が九二年八月、東京佐川急便による献金五億円の授受を認め、副総裁を辞任するに至る。これに続き、田辺誠議員も社会党委員長を辞任する。金日成は最も信頼していた日本政界の実力者二人を失ったのである。

四つ目に核問題について九一年から九二年にかけて、北朝鮮としては「南北非核化共同宣言」の採択、IAEAとの保障措置協定の締結と特定査察の実施など進展を見せたにもかかわらず、日本側は交渉で核問題のハードルを上げてきていた。北朝鮮から見ると、このような日本の姿勢の背後には米国があり、日本が核問題に固執する限り、これ以上日本と話を続けても意味がない。まず米国と話をするべきであると判断したとしても不思議ではない。

以上のような理由・背景により、北朝鮮は一九九二年の夏頃の時点で戦略・政策の転換を行い、日本との正常化交渉継続に見切りを付けたのであろうと思われる。[8] そしてそのような戦略転換が、金正日のイニシアチブにより行われた可能性は十分ある。[9] 「李恩恵」問題も交渉打ち切りの一つの要因ではあったかもしれないが、決して主な要因ではなかったと思う。

〔1〕一九五九年の在日朝鮮人帰還協定に基づいて、在日朝鮮人の夫や子供とともに北朝鮮に渡ったままになっている日本人女性の里帰り問題。北朝鮮には現在、消息を確認できるだけで五〇〇人前後の日本人妻がいるといわれる。

〔2〕一九九一年五月一九日付『読売新聞』。なお同紙は対象となっているアベック失踪事件として、福井県小浜市で（昭和五三年七月七日）地村保志さんと浜本富貴恵さんが、同月三一日、柏崎市で大学生と美容師（当時の新聞は匿名にしてあるが、蓮池薫さんと奥土祐木子さんのこと）が、さらに翌月八月一二日、鹿児島県吹上町の海岸で市川修一さんと増元るみ子さんが行方不明となったと報じている。

〔3〕一九九一年一月一七日付および同年一月二六日付『読売新聞』。同記事によれば、消息を知らせる手紙は、「元気で暮らしておりますので、ご安心ください」など、慎重な言葉遣いで近況をつづっている。
〔4〕一九九一年三月一四日付『読売新聞』。
〔5〕高崎宗司『検証　日朝交渉』平凡社新書、二〇〇四年、五三頁。
〔6〕九二年四月に訪朝した自民党訪朝議員団長の池田行彦議員に対し、金容淳が語ったとされる内容。一九九二年四月一八日付『読売新聞』。
〔7〕九二年四月一六日付『読売新聞』。もっとも、北朝鮮による対米関係改善への意欲は長い間一貫しているという見方がある。
〔8〕九二年八月に訪朝した深田肇議員と会った金日成主席は「日本との関係は当分このままでいい」と語ったとされる。九二年一〇月二日付『朝日新聞』。なお、北朝鮮側が日朝交渉を打ち切った一つの理由として「九二年八月の韓中国交樹立の影響」を挙げる見方もある（たとえば中平立。二〇〇八年六月同氏とのインタビュー）。
〔9〕北朝鮮側の李三僊代表は後に書いた論文で、以下の通りの交渉打ち切りの決断が金正日によってなされたことを示唆している。「特に親愛なる指導者同志（筆者注――金正日のこと）は、非凡な知恵と科学的な洞察力をもって、日本反動達が米帝と南朝鮮傀儡達の反共和国策動と力を合わせて、会談で不当な「前提条件」を提げて悪辣に出てくることができるということを鋭く看破され、傲慢無礼な日本反動達の策動に断固と立ち向かい、我が共和国の尊厳と原則を固守することにつき卓越した方針を示された」。李三僊「国交正常化のための朝日政府間の会談について」『勤労者』一九九三年三月号。

第三章

第一次核危機

——一触即発の事態

国連安全保障理事会

†突然降ってわいた核不拡散条約からの脱退

北東アジア課勤務からニューヨークの国連代表部に異動となり、一年近く過ぎた一九九三年三月一一日のことである。いつものように国連安全保障理事会の会議場あたりをうろついていると、同僚である米国連代表部のデイビッド・ウォレスが慌てた様子で語りかけてきた。「聞いたか。北朝鮮が核不拡散条約（NPT）からの脱退を表明したらしい。明日にも安保理に来るぞ」。

正直言ってまったく寝耳に水であった。一年前に本省北東アジア課の勤務を離れて以来、北朝鮮のことはほとんどフォローしていなかったし、そんな余裕もない。日本は当時安保理の非常任理事国であり（一九九二〜九三年）、代表部の一等書記官として安保理を担当していた私は連日のように開催される会議においてソマリア、ルワンダ、アンゴラなどの案件を担当することで手一杯であった。

三月一二日、平壌放送は中央人民委員会が会議を開き、NPTから脱退することを決定したと報じていた。米国と南朝鮮の軍事合同演習の再開とIAEAの不当な「特別査察」強要により、北朝鮮に緊迫した状況が作り出されたことに関して、NPTから脱退せざるを得なくなったというのである。

北朝鮮は一九八五年にNPTに加盟し、その後、一九九二年四月になってようやく協定上の義務である保障措置協定をIAEAとの間で締結した。その後、六回にわたる「特定査察」を受け、順調に義務を果たしつつあるかに見られていた。しかしその「特定査察」の過程で北朝鮮が申告したプルトニウム、放射性廃棄物、使用済み燃料の照射記録の特徴が相互に一致しないことが判明する。北朝鮮側はIAEAに対する初期の申告で、これまで研究の目的で九〇グラムのプルトニウムを抽出したと報告していたが、[1]これ以外に未申告のプルトニウムが存在する可能性が指摘されたのである。

明らかに北朝鮮側はIAEAの測定能力を過小評価していた。彼らは自分たちの申告と測定結果との食い違いを説明できず、嘘に嘘を重ねていた。[2]

このような事態を受けてIAEAは九三年二月、保障措置協定に基づき、北朝鮮に対して放射線廃棄物貯蔵施設と目される二カ所の未申告施設へのアクセスを求める「特別査察」を要求した。これに対し北朝鮮は強く反発し、拒否する。

「特別査察」はいわばIAEAにとって伝家の宝刀で、任意で行われる「特定査察」や「通常査察」と違って強制力を持つ。その適用は今回の北朝鮮が初めてのことであった。当時、NPT体制はレビューの時期にあり、「湾岸戦争」の結果、それまでのIAEAの査察では核物質の軍事不転用が十分に担保されないのではないかとの批判もあった。したがって国際社会とI

ＡＥＡは保障措置・査察の強化を求められており、北朝鮮の核開発疑惑に簡単に妥協するわけにはいかなかったのである。

　ニューヨーク時間の翌三月一二日、北朝鮮の朴吉淵《パクギルヨン》国連大使は安保理に対し、「ＮＰＴからの脱退を決定した」と通告する金永南《キムヨンナム》外相の同日付書簡を提出した。核不拡散条約は第一〇条において、締約国が自国の利益を著しく危うくしていると認めたときは脱退する権利を認めており、その場合、安保理に対して三カ月前に予告することが求められている。金永南の書簡はこの第一〇条を援用している。彼らは、米国による「核の脅威」とＩＡＥＡの「不公正性」などが自国の至高の利益を危うくすると強調していた。

　同日、さっそく安保理でこの問題について非公式な協議が行われた。テレビや写真でよく出てくるあの馬蹄形の大きな会議場ではなく、そのすぐ横にある小さな会議場である。安保理のメンバーは一五カ国であり、各国には代表が座る一番前の席を含め、三つの席しか用意されていない。それ以外の人達は場合によっては立って話を聞く。

　私は常駐代表の波多野敬雄大使、政務担当の重家俊範公使に続いて席に着く。件の金永南外相の書簡が席上に配布されている。議長はニュージーランドのテレンス・オブライエン国連大使である。議長に促されて各国が発言する。わが方は「今回、北朝鮮がＮＰＴからの脱退を表明したことは核不拡散体制への挑戦であり、北東アジアの平和と安全を危うくするものであり、遺憾である。北朝鮮に対し、脱退の決定を撤回するよう強く求めたい。安保理としてそのようなメッセージを発出すべきである」といった趣旨の発言をした。

各国ともおおむね似かよった発言をしたが、中国は慎重であった。安保理がこの問題を扱うことには反対であるとの姿勢である。一通りやり取りが終わった後、議長より、各国が各々の立場で北朝鮮に脱退の撤回を働きかける、その間、安保理としてどう対応するかは各国と個別協議していく旨を述べ、とりあえず今回の議論を締めくくった。

北朝鮮の核開発問題が初めて安保理で取り上げられた日であった。そして協定上、脱退は安保理への通告の日から九〇日後、すなわち六月一二日に発効する。それまでの間、北朝鮮に何とか脱退の決定を撤回させることが国際社会の至上命題となった。

†安全保障理事会として初めて行動をとる

北朝鮮のNPT脱退を撤回させるため、関係国による外交・調整が活発化し始めた三月二二日、日米韓の担当局長が米国連代表部に集まり、対応策を協議する。日本からは池田維アジア局長、米国からはウィリアム・クラーク次官補（東アジア太平洋担当）、韓国からは申基《シンギ》馥《ボク》第一次官補が出席した。

三カ国はNPT脱退の決定を撤回するよう、北朝鮮にあらゆる可能な外交努力をすることで意見の一致を見た。また、三月三一日にＩＡＥＡが特別理事会を開催することとなっていたことから、それまでに北朝鮮が決定を撤回しなければ、安保理にこの問題を付託することも辞さないとする立場を確認し、今後とも日米韓で緊密な連携をとっていくことにした。

これを受けて北朝鮮側は態度を硬化させ、ＮＰＴ脱退の立場を再考することなく時が過ぎる。そしてウィーンでは四月一日、ＩＡＥＡの特別理事会が、北朝鮮による「特別査察」の受け入れ拒否を保障措置協定の不履行に当たると認定し、この問題を安保理に付託するとの決議案を賛成多数で採択する。ＮＰＴからの脱退はまだ発効しておらず、北朝鮮とＩＡＥＡとの保障措置協定もまだ有効であったのだ。

そしてボールは正式に安保理のコートに投げ込まれる。四月六日、安保理の非公式協議が開かれ、ＩＡＥＡのハンス・ブリックス事務局長が、北朝鮮の申告と査察検証の結果との食い違いを説明できない以上、「特別査察」は緊急不可欠であると報告した。これを受けて理事国が協議を行い、多くの国が議長声明を発出することが適当であると主張したが、中国は圧力では解決できないとして、ＩＡＥＡや米国、北朝鮮との対話の必要性を強調した。

そして四月八日の夕方、安保理議長声明案がまとまり、議長により報道陣に発表された。[3] その中で安保理メンバーは引き起こされた事態を懸念するとし、これと関連して、ＮＰＴの重要性とＮＰＴ加盟国がこれを順守することの重要性を再確認するとしている。また南北朝鮮が合意した「朝鮮半島の非核化に関する共同宣言」を支持し、この状況を解決するためのあらゆる努力を歓迎し、特にＩＡＥＡに対して北朝鮮との協議と、査察問題の適切な解決のための建設的な努力を継続するよう促している。そして安保理メンバーは引き続き、事態をフォローするとしている。

この声明は北朝鮮に直接何も求めておらず、日米英仏などにとっては甚だ不十分な内容であった。しかし北朝鮮の核問題をめぐり、安保理で初めてアクション（行動）が取られたことの意味は大きかったと思う。これをもって、この問題を今後とも安保理で取り上げるきっかけができたのである。

私たちとしては、先に出された安保理議長声明の内容はいかにも弱く、もっと強いメッセージを北朝鮮に送る必要があると感じていた。次は、形式にも重みのある「決議」の採択を目指す必要がある。問題は中国の態度であるが、この段階で中国の拒否権行使はあり得ないだろうと踏んでいた。

五月一一日夕方、安保理は決議八二五を採択する。投票結果は賛成一三、反対〇、棄権二（中国、パキスタン）であった。日本は米、英、仏、露、スペイン、ニュージーランドとともにこの決議の共同提案国となった。

決議で安保理は北朝鮮に対し、ＮＰＴ脱退の発表を再検討し、ＮＰＴ条約上の義務を尊重し、

IAEAとの保障措置協定を順守するよう呼びかけている。またすべての加盟国に対し、北朝鮮が問題の解決に前向きに応えるよう働きかけることを求め、問題解決を促進するよう奨励している。ここに、後の米朝直接交渉への布石が見られる。最後の文でこの問題に関与し、必要であればさらなる安保理の行動を検討することを決定している。この部分は場合によっては「制裁」を検討するという暗黙のメッセージである。

この決議は形式、実質とも、前回の議長声明とは比べ物にならないほどバランスが取れており、強力かつ適切なものであったと言えよう。

†北朝鮮いよいよ米国と対等に交渉

一定の「圧力」をかけながら「対話」を通じて問題解決を目指すのは外交の基本である。このとき、北朝鮮の核問題をめぐってもまさにこの基本に則って事態は進んでいた。しかし今回は時限がある。六月一二日をもって北朝鮮によるNPT脱退は効力を持ち、その後は復帰が困難となる。

米国は直接交渉を求める北朝鮮の要請に応じることにし、六月二日からニューヨークの米代表部で高官協議が始まった。米側の代表は政治・軍事担当国務次官補のロバート・ガルーチ、北朝鮮側は外務省の姜錫柱《カンソクチュ》第一次官である。米側の代表が東アジア・太平洋担当次官補のウィンストン・ロードでないところが興味深い。北朝鮮の核開発問題は地域の安全保障の問題以上に、世界的な次元で影響を与え得る不拡散の問題なのである。

米側にとって、そして相手側にとってもそうであるが、北朝鮮側と高いレベルで実質的な交渉を行うことはこれが初めてである。それまで北京のルートで数多くの米朝接触が行われてきたものの、それは低いレベルの接触に過ぎず、交渉と言えるものではなかった。また一九九二年一月、金容淳書記が訪米し、カンター国務次官と会談を行ったが、これは多分に儀礼的なもので、会談後、特段の合意文書は発表されていない。

初日の会合は何ら進展がなかった。双方の立場の差はあまりにも大きい。姜錫柱は「偉大な首領様」の業績を称賛し、おなじみの北朝鮮の要求を一方的に並べたてた。[4] このような冒頭の対応は日朝交渉でも繰り返されたもので、北朝鮮と交渉する私たちにとっては通過儀礼のようなものである。そう思ってしまえばどうということはないが、北朝鮮側と初めて交渉に臨むガルーチ以下のチームにとっては衝撃であったろう。

その際、北朝鮮側はすでに、黒鉛減速炉を核兵器級のプルトニウムの抽出が難しい軽水炉に代替するという案を提示していたのであるが、[5] 私たちはその時点で「軽水炉」への代替案を聞いた記憶がない。この提案が初めて出たのは同年七月に行われる「米朝交渉第二ラウンド」においてであると理解していた。

北朝鮮側の高圧的な態度に業を煮やしたのであろう。初日の交渉が終了した後、ガルーチは常任理事国五カ国と日韓の国連常駐代表に対し、次の会合で進展がなければ強力な措置について議論するときであると述べ、制裁に向けた協議を始めることに合意している。[6]

六月四日に行われた次の交渉でも進展がなく、会談後、ガルーチは「北朝鮮側から一切譲歩が得られない」として失望を表明する。姜錫柱はその時点で、北朝鮮は国際的な脅威に直面しているとして、既存の原子炉を核兵器製造のために利用するかどうかの重要な決断に立たされていると米側を脅す。そして、米国が北朝鮮側へ脅威を与えることをやめれば、核兵器を製造しないことを約束してもいいと提案するのである。[7]

苛立ちを募らせる米側は、交渉についてしばらく冷却期間を置くことにした。一方で安保理メンバーの一部で、北朝鮮に対する段階的な制裁について非公式な話し合いが開始されていた。[8]六月一二日の時限は刻一刻と迫ってくる。そして一〇日、一一日と米朝交渉が行われた結果、双方が歩み寄り、同日「米朝共同声明」が発表された。

これによって北朝鮮側はかろうじて「NPTからの脱退発効について、必要と認める限り、一方的に一時停止させること」を約束した。私たちが目指した完全な脱退撤回ではなく、北朝鮮側の意思で「一時停止」を解除できる点で不満が残るが、問題の完全な解決までに時間を稼ぐことはできる。さらに「声明」で、核兵器ならびに再処理施設とウラン濃縮施設を持たないことを約束した「南北非核化共同宣言」に対する支持を、米朝が表明したことは重要であった。

他方で米側も譲歩を余儀なくされる。核兵器を含む武力は使わず、武力による脅威も与えないことを保証するなどの原則に合意し、平等かつ公正な基礎に立ち、対話を継続することで合意した。このような原則は、NPTに加盟している非核保有国に対して米国がすでに与えている保障の繰り返しではあったが、米朝の共同声明でこれを明記し、かつ米朝対話の継続を約束したことは、北朝鮮にとって成果であったと言えるだろう。

今回の交渉をもって姜錫柱は、北朝鮮の長年の念願であった米国との高官協議を実現させ、史上初の「共同声明」まで発出することができた。このことは彼らにとって歴史的快挙であったろう。しかも米朝高官協議はその後も続くのである。

しかし米側にとってそれは問題解決の一歩に過ぎず、今後の交渉のためにも時間が必要であった。そして、安保理による制裁のカードももちろん捨ててはいない。「共同声明」が発表された後、ガルーチが常任理事国と日韓の国連大使に説明を行った席上で、波多野大使は「NPTからの脱退表明が一時停止（suspend）されるという状況を核不拡散条約は想定しておらず、これを法的にどう解釈すべきかきちんと整理しておくべきであろう」と至極当然のコメントをした。

これ対してガルーチは次のように答えた。「法的な整理は必要であるが、既存の法体系と整合性は取れると思う。整合性が取れるように法的な整理ができないような法律顧問は解雇するであろう」。法律家は政策遂行を助けるために仕えるべき存在であるという、いかにも米国人らしい発言である。それを聞いて、日本とは随分捉え方が違うと思った。

その後、一九九三年七月にジュネーブにおいて米朝交渉の第二ラウンドが行われる。この交渉ラウンドは米側にとって特段の成果はなく、二カ月以内に再度協議を行うということで合意した。しかしここで重要なことは、北朝鮮側が軽水炉への代替を改めて強く主張し、米側が核問題の最終的解決の一環として行うという条件を付したとはいえ、「軽水炉の導入を支援し、……軽水炉の入手方法について北朝鮮とともに研究する」ことを正式な声明に盛り込んだことである。結果的には、これが後の「米朝合意された枠組み」の核心部分である軽水炉の供与につながっていく。

†再び安全保障理事会へ

その後の焦点は米朝の第三ラウンド交渉がいつ行われるか、そこで抜本的な解決が模索されるかということに移っていく。米国としては第三ラウンドが行われる前提として、北朝鮮にIAEAによる査察を受け入れ、核問題について協議するため南北対話を行うよう求めていた。舞台はウィーンとソウルに移り、一九九四年の初頭まで、ニューヨークの安保理の舞台は比較的に静かであった。

九四年二月、北朝鮮側がＩＡＥＡの求める申告済みの七施設に対する査察を受け入れることを通告すると、事態は進展するかに思えた。しかし同年三月には北朝鮮側が態度を一転し、ＩＡＥＡとの間で事前に合意していた査察活動の重要な一部を拒否し、さらには南北朝鮮間の特使交換のための実務協議も決裂するなど、核問題をめぐる情勢は非常に不透明な状況に陥った。その結果、三月二一日に予定されていた米朝第三ラウンド交渉は実現に至らず、同日、ＩＡＥＡの特別理事会は再度、この問題を安保理に付託することを決議する。

いずれにせよ、ボールは再度正式に安保理のコートに投げ込まれ、非公式な協議が始まった。しかしこの時点で日本は安保理の非常任理事国ではなくなっていて、日米韓の緊密な協議を軸に、間接的に安保理に影響力を行使する立場に移る。

ＩＡＥＡからの付託を受け、安保理として何らかの意思表示をしなくてはならない。決議または議長声明を出すべく、非公式な接触が始まる。そして三月三一日、安保理議長声明が発出されることになるが、そのまさに当日、安保理加盟国との意見調整のためニューヨークを訪れていた韓国の韓昇洲外務部長官は、波多野大使と現状について意見交換を行っている。

同日、私たちが見守る中、安保理一五ヵ国は静かに議長声明を採択した。九三年の議長声明と決議に続く、安保理としては北朝鮮核問題に関する三つ目の行動（アクション）であった。

この議長声明で安保理はまず北朝鮮に対し、IAEAの査察官に先に合意した査察活動を完遂させるよう呼びかけている。つまり、七つの施設に対する査察のことである。次に安保理は南北朝鮮に対し、「南北非核化共同宣言」の実施のための対話を再開するよう要請している。南北対話の重要性が安保理の文書に明記されており、韓国政府の主張が反映されている。そして最後の段落で安保理は「この問題に積極的に関与し、IAEAと北朝鮮との保障措置協定の完全な実施を達成するため、必要であれば安保理のさらなる検討が行われる」ことを決定すると締めくくっている。基本的には九三年五月に採択された決議八二五と同様の趣旨で、必要であれば制裁決議を検討するという意味である。つまり形式的には「議長声明」であるが、実質的には「決議」と同様の重みを持っていると言える。

ただこの時点では、少なくともニューヨークにおいては気持ちに余裕があった。北朝鮮に今一度機会を与え、IAEAとの間で「保障措置の継続」を確認するに足る査察について話が付き、実際に査察が実施されることを期待していたのである。しかし五月に入り、事態は一気に危険な方向へと進んでいく。

†危機到来と日米韓の連携

五月初め、北朝鮮当局はIAEA査察官の立ち会いなしで使用済み燃料棒を交換する意向であるとの警告を発した。五メガワットの黒鉛減速炉に装塡されている使用済み燃料棒を取り出さなければ、危険な状況になるというのである。IAEAにとって、この使用済み燃料棒を検査することは、北朝鮮による過去の核開発活動を解明する上で鍵を提供するものであった。しかしこの燃料棒を北朝鮮が勝手に取り出し、ばらばらにしてしまうと、技術的に過去の活動を解明することがほぼ不可能となる。

したがってIAEA、米国をはじめとする国際社会は北朝鮮に対し、一方的に使用済み燃料を取り出さず、IAEAの査察官の指導・監督の下で取り出すよう、あらゆる手段を使って働きかけた。しかしその後まもなく、北朝鮮側が勝手に使用済み燃料棒を取り出し始めたことが確認される。北朝鮮が軍事用にプルトニウムを抽出したのかどうか、過去の記録が解明できなくなるのは時間の問題であった。

連日のように安保理のP5（米英仏露中の五常任理事国のこと）またはP4（中国を除く）の会合、あるいは全体の非公式協議が行われる。そのたびに日米韓の担当も緊密に連絡を取り合い、対応策を協議する。五月下旬には本省から竹内行夫アジア局審議官がニューヨークに訪れ、日米韓の三者協議に参加したりした。その一方で米朝の秘密接触が頻繁に行われる。

五月二七日、ブリックスIAEA事務局長は国連事務総長に書簡を送り、北朝鮮が燃料棒の引き出しを中止せず、北朝鮮との交渉が決裂したことを明らかにする。このままのペースで使用済み燃料棒が引き抜かれれば、近日中に軍事転用の有無を調べることが不可能になることを報告したのである。同日夜、安保理の緊急協議が行われた。

五月三〇日、最後の警告として安保理議長声明が発出された。次は「制裁」に進むしかない。この議長声明で安保理は、上記IAEAの評価報告に深刻な懸念を表明する。そして北朝鮮に対し、燃料計測の技術的可能性を残す方法でのみ抜き取り作業を行うよう強く求め、IAEAと北朝鮮が必要な技術的措置につき、至急協議するよう呼びかけた。しかしほとんど時間切れであり、抜き取り作業の速度は早まるばかりであった。

その直後、北朝鮮は日本海に対艦ミサイルの発射実験を行っている。[9] おなじみの警告なのであろうが、当時、日本国内ではほとんど話題にならなかった。

我々は「制裁」に向けて確実に動き出していた。ここで一九九四年当時、日本はすでに安保理非常任理事国ではなくなっていたことを改めて強調しておかねばならない。非常任理事国であるときとそうでないときとの違いは、別途いろいろな場で説明されているが、当時の経験をもとにここで簡単に述べておきたい。

まず情報量がまったく違う。前述の通り、安保理の対応はほとんど非公開の非公式協議の場で決まるが、理事国の一五カ国以外その場に入れない。よって、非理事国の国連代表部の担当は非公式協議が終わるまで、隣の控室で忍耐強く待つのである。そして、会合が終わって出てきた理事国の担当を捕まえては「どうでしたか？」と低姿勢で取材する。

そして非公式協議の場に参加できないと、自らの立場を反映させることが非常に難しくなる。そのため友好国に事前にお願いし、日本の立場を考慮してもらうほかはない。

一九九四年はそういう厳しい状況にあった。しかし問題が「北朝鮮の核開発」という日本や韓国にとって死活的に重要な問題であったため、日米韓の連携・意思疎通はニューヨーク代表部に関する限り、非常に円滑であった。担当官は日本は私、米国は国務省のデービッド・ウォレス部員、韓国は李秀赫《イスヒヨク》参事官である。李参事官は後に盧武鉉政権時代に韓国外交通商部の次官補となり、六者会談の代表を経て駐米大使となる人物である。

次のようなことが何回もあった。安保理の会合が夜遅くまで続く。ようやく終わったが、デービッドはワシントンへの報告をまず仕上げなくてはならない。私と李参事官は彼の好きな寿司を店でテイクアウトし、米代表部の彼の部屋に向かう。デービッドが電報を書きあげると、私たちは一緒に「寿司」を食べながらその日の会議の模様を聞くのである。

おかげさまで、一級の報告を本国に伝えることができた。当時、東京においても日韓関係は極めて良好であると言われていた。日韓関係は歴史問題や領土問題があり簡単ではないが、少なくともそのときは日韓双方に北朝鮮という共通の相手があり、米国との関係でも双方の立場は結構似通っていたのである。

†制裁への準備

一九九四年六月の第一週は多忙を極めた。

六月三日、ワシントンへの途次、柳井俊二外務省総合政策局長と竹内アジア局審議官がニューヨークに立ち寄った。こちらから安保理の最新の状況を説明する。そのとき、竹内審議官が次のように呟いた。「北朝鮮側が軽水炉への転換を初めて提案したのはいつだったのか。どうして火力発電所では駄目なんだろう」。東京の一部では、黒鉛減速炉の代わりに軽水炉を供与するというアイディアに慎重な意見があったのだ。

そのまま私も東京からの一行に随行し、ラガーディア空港からシャトル便でワシントンのナショナル空港に向かう。ワシントンでは空港の出口で大勢の日本の報道陣とカメラが私たち一行を待ち構えていて、車に乗り込むまで追いかけてくる。東京の関心も相当なもので、情況は緊迫の度を深めている。

同日午後、米国、韓国側と二国間の意見交換を行い、翌四日午前、土曜日にもかかわらず日米韓の政策責任者が一堂に会し、制裁を含めた今後の手順を話し合った。米側はガルーチ国務次官補、韓国側からは金三勲《キムサムフン》核問題担当大使が出席している。

協議の結果、我々は安保理を通じて制裁を含む適切な対応策を早急に検討すべきとの見解で一致し、今後、安保理が北朝鮮の核問題に関して次の措置を検討するに際して、緊密に協議することで合意した。いよいよニューヨークを舞台に具体的な制裁決議案を協議し、調整する段階に入ったのである。

日曜日を挟んで六日、小和田恆大使は、一日の間に次々と常任理事国五カ国の大使と意見交換し、急遽ニューヨーク入りした韓昇洲韓国外交部長官と会談した。その結果報告を急いで書き上げ、本省に電報する。食事をする余裕もないような厳しい一日であった。

そして毎日のように、常任理事国五カ国または中国を除く四カ国、あるいは非常任理事国一〇カ国の協議が行われ、その過程で日韓は米国との連携を軸に、安保理メンバーとの協議にかかわっていく。

一方でＩＡＥＡはすでに六月初めの段階で、「燃料棒を保管する機会は失われた」として、軍事転用の検証ができないと安保理に報告していた。北朝鮮側はＩＡＥＡの要請を無視し、一方的に八〇〇〇本にのぼる使用済み燃料棒を原子炉から取り出しつつあったのだ。ＣＩＡは北朝鮮が一九八九年に原子炉を一時的に停止した際、一〜二個分の原子爆弾を製造するに十分なプルトニウムを取り出したと推測していたが、このような過去の北朝鮮による軍事転用の有無を検証する方法が急速に失われつつあった[10]。

さらなる問題は、このとき北朝鮮が新たに取り出した八〇〇〇本の使用済み燃料棒を再処理すれば、さらに数個分の原子爆弾を製造するのに十分なプルトニウムを抽出することが可能であると見られていたことである。[11] この関連でペンタゴンは過去の軍事転用の解明よりも、今後の核開発計画の進展を阻止することにより重点を置いていた。

六月一〇日、ＩＡＥＡは北朝鮮に対する技術協力を停止する制裁措置を採択するが、これに対し、北朝鮮はＩＡＥＡからの脱退宣言で対応する。北朝鮮外務省スポークスマンは「制裁は宣戦布告と見なす」と明言した。

そうした中、一四日夜に米国は安保理決議案を私たちに提示した。一本の決議案であるが、北朝鮮の行動いかんで制裁の内容が強化されていく仕組みになっている。[12] 第一段階は、北朝鮮がＩＡＥＡに完全に協力しない限り、決議採択の三〇日後に効力を発揮する。制裁の内容は北朝鮮の核活動に寄与するすべての貿易の禁止、大量破壊兵器または通常兵器に関連する物資の禁輸、定期商用便と人道ミッションを除く北朝鮮との飛行機乗り入れ禁止、経済・開発援助の停止である。決議案はさらに、国連加盟国に北朝鮮との外交関係を縮小するよう求めていた。

そして、北朝鮮がＮＰＴからの脱退や再処理の再開など追加的な措置を取った場合、第二段階の制裁を課すため安保理は緊急に会合するとしている。その場合、北朝鮮の金融資産の凍結と送金の禁止が課されることになっていた。当時、北朝鮮系の在日朝鮮人から毎年六億ドルともいわれる資金が北朝鮮に送金されているという話があり、これを禁止すれば北朝鮮へのダメージは大きいであろうと、米国が強く求めていたものである。

私たちはこの決議案を直ちに東京に送付し、本国の了承を得た。韓国も支持すると伝えてきた。米国は他の常任理事国との協議を続ける。ロシアは「まず国際会議を開催すべきである」との奇妙な案に固執し、一方で中国の支持が得られるかどうかは依然として不明であったが、拒否権は行使しないだろうというのが当時の一般な見方であった。[13]

数日のうちにこの決議案はブルー色に印刷され、すべての安保理メンバーに配布される。二四時間を過ぎれば採択が可能であるという意味である。北朝鮮も我々も、いよいよ「瀬戸際」に立たされていた。

この決議案は実際には採択されなかったので、単純な比較はできないが、二〇〇六年一〇月の北朝鮮による核実験（第一回）を受けて採択された安保理決議一七一八号の制裁の中身と比較してみると興味深い。

二〇〇六年の安保理制裁の中身を一言で説明すると、奢侈品の対北朝鮮輸出禁止以外の措置はいずれも兵器や核関連、弾道ミサイル・大量破壊兵器関連プログラムに関連する物資の禁輸や技術移転、人の移動の禁止ならびに資産の凍結に限られている。また、この決議ではこれらの措置の順守を確保するための「臨検」に言及があるが、強制ではなくあくまで全加盟国への「呼びかけ」であり、かつ「必要に応じて」行うこととなっているので随分弱い内容となっている。

これに対し、九四年の決議案には兵器や核関連物質とは関係のない経済・開発援助の停止、第二段階に至っては一般的な金融資産の凍結と送金の禁止までが盛り込まれていた。もしそのまま採択されれば、かなり強力な制裁となっていたであろう。当時、クリントン政権は核実験にまで至らない初期の段階、すなわち過去の軍事移転の検証が難しくなった時点、北朝鮮が一方的に使用済み燃料棒を取り出した段階で、かくまで厳しい内容の制裁案を用意していたのである。

†不測の事態に準備を進める東京

一九九四年に入ると、東京にも暗雲が迫ってくる。

二月一一日、細川護熙総理は建国記念日の休日を利用してワシントンを訪問し、ビル・クリントン大統領と首脳会談を行った。日米経済摩擦が主要議題となるはずであったが、蓋を開けてみれば会談の大半は「北朝鮮の核問題」で占められている。米側はこの問題を深刻に考えており、北朝鮮による核開発の問題を絶対放置すべきではない。場合によっては、これを阻止するためには実力行使まで行かざるを得ないかもしれない。その場合、日本は日米安全保障条約の下でどこまでアメリカに協力してもらえるか。

ハト派的傾向を有していた細川総理にとっては、想定外の会談であったに違いない。驚いた総理は、東京の官邸に戻るや否や石原信雄官房副長官を呼び、どこまでが対応可能か、法制局も交えて事務的に至急詰めるよう指示した。

これを受け、石原副長官は急遽、外務省の北米局長、防衛庁防衛局長、警察庁警備局長、公安調査庁次長、内閣法制局などの関係者を集め、憲法解釈の範囲内でどこまで対応可能か議論を始める。官邸で会議を開くと外に漏れるので、極秘裏に検討を進めるため、向かいの総理府の一室を利用した。

そこではいろいろなテーマが話し合われたが、まず米側は何を日本側に求めているのかを具体的に知る必要がある。この点については外務省より防衛庁が、防衛庁より制服組とペンタゴンが具体的な問題意識を持っていた。[14]

まず北朝鮮を米軍が海上封鎖する場合、自衛艦がこれに参加できるかどうか。「それは無理だろう」ということであったが、その海域には北朝鮮が機雷を流してくるかもしれない。その除去くらいは日本側でできるのではないかと米側は期待する。湾岸戦争の終結後、海上自衛隊が掃海艇を派遣し、地雷を除去していたし、米側はこれを高く評価していた。しかし法制局によると、海上封鎖となると戦闘海域になるので、憲法上無理ということである。困った。米側にごく内々に「無理だ」と伝えると彼らは深く失望し、不満を漏らした。

ただし、海上封鎖海域の外側に流れてくる機雷については通常の海上警備行動ができるのではないかといった議論がなされ、海域によっては機雷除去への参加が可能かもしれないという対応になる。

次に、米軍に対する石油、水、食糧などの補給はどうか。後々行われる、インド洋における海上自衛隊による給油活動の類はグレーゾーンであろうという議論で、早急に詰める必要があった。

外務省は国務省から、日米安保条約の下での一般的な協力として、日本の民間空港をいざというときに米側で使用できないかという打診を受けていた。難民救済のため航空機を使用する場合、米側の民間機による使用は問題なかろうが、軍用機が使用するのはかなり問題ではないかという議論がなされた。

港湾の場合は普通、地方自治体が管理者となっているため、米軍艦の使用がどこまでできるか、にわかに検討できなかった。このような日本の対応についても米側は失望する。

大量の難民が日本に押し寄せてきた場合、どう収容するか。これは日本自身の問題であり、関係省庁で議論が行われるが結論は出ない。

また、警備の問題もあった。制裁や海上封鎖を実施すれば、北朝鮮側はこれを「宣戦布告と見なす」と公言していたし、南北対話の関連で「ソウルは火の海になる」という発言も出ていた。よって、北朝鮮による報復が十分考えられた。特殊部隊が日本海沿岸の原子力発電所などを襲撃してくる場合、あるいは相当の武装部隊が攻撃を仕掛けてくる場合、どう対処するか。警察庁は拳銃、小銃による攻撃への対処は可能であるが、重火器となると手に負えず、本職の自衛隊に反撃してもらうほかないという立場であるが、防衛庁は「宣戦布告」がないと防衛出動できないという。北朝鮮は「宣戦布告」なしに、いわばゲリラ的に攻撃してくる可能性が想定されたため、そこの穴をどう埋めるか、早急に役割分担を決めなければならなかった。

このような日本側の検討状況につき、米側から正式に問われると、日本の答えはほとんどすべてが「ノー」であったため米側はひどく失望する。「日米安保条約とはいったい何なのか。日本は何もやらないし、できないじゃないか。北朝鮮の核問題は一義的には日本の問題なのに、なぜ何もできないのか」といった不満の声が聞こえてきた。

一方で、当時の日本の政界は政局の連続で混乱していた。九四年四月八日に細川総理が退陣宣言をした後、四月二八日に羽田内閣が成立するまでの間、官邸は空白状態が続く。また羽田内閣も社会党が離脱し、少数派内閣となっていたため、政治的には極めて不安定であった。そういった状況を米側も心配していたが、石原副長官を中心とした関係省庁の検討作業は続いていた。

しかし羽田内閣や当時与党の実力者であった小沢一郎議員は、「経済制裁」に同調する考えであった。国連決議を受けた制裁はもちろんのこと、中国の拒否権により国連決議が成立しない場合、日米韓だけでも「制裁」に踏み切る覚悟はできていた。五月二四日の衆議院予算委員会で、羽田孜総理は国連決議なしの経済制裁への協力について「万が一そういう難しい事態になったときには、この地域の安全のために我が国としてでき得る憲法の範囲内において対応する」と答弁している。むしろ政府は、それから先に起こり得る事態を心配していたのである。

結果的には六月中旬にジミー・カーター元大統領が北朝鮮を訪問し、金日成と会談したことにより危機は回避されることになるが、このときの防衛庁をはじめとする政府部内における検討作業は決して無駄ではなかった。このときの検討結果が基礎となり、後の橋本内閣時代、日米防衛協力の新ガイドラインとこれに基づく関連法の制定に結びついていくのである。

†カーター元大統領の登場と危機の回避

前述の通り、九四年六月に入ると国連では安保理の制裁決議案が作成され、非公式な協議が進んでいたが、北朝鮮は、制裁決議は「宣戦布告である」と見なしていた。一方で、米軍はあり得べき北朝鮮の軍事的挑発に備え、準備を進めていた。パトリオット・ミサイルやアパッチ攻撃ヘリコプターを含めた新型の兵器・装置および米軍兵士が、韓国に追加配備される。そして米政府内では、寧辺の核施設に対するピンポイント先制攻撃の選択肢まで、具体的に議論されていたのである。[15]対立は激化し、危機が迫っていた。

クリントン政権は本当に北朝鮮に「経済制裁」を加え、軍事的な対決も辞さない覚悟があったのであろうか。軍事的な選択肢、軍事的対決に至った場合の含意について、米政権内で頻繁に議論がなされていたのは確かである。しかし北朝鮮との全面的な軍事対決に至れば米側に三万名、韓国側に四五万名の死傷者が出るというシミュレーション結果も出ていたし、四〇万人の兵力を含む大幅な増強が必要であるとも言われていた。[16]

大統領は、重要な軍事的決断を下す場合にはすべての関連情報やあり得べき帰結について説明を受ける。この場合もクリントン大統領は、これらの情報などにつき随時説明を受けていたと思われる。大統領は安保理の制裁決議案を売り込むため、関係国の指導者と進んで連絡を取ろうとしていたが、結局のところ「制裁」は北朝鮮を挑発するだけで、IAEAに過去の核活動を白状させることにはならないのではないかと心配していた。[17]

この点について、当時外務省の総合政策局長であった柳井俊二は次のように語っている。危機感が高まっていた六月頃にワシントンを訪れた際、国防総省にも行った。彼らに軍事的選択肢は考えているのかと問うたところ、「検討している」とは言っていたが、上層部まで上がってきていない様子であった。そこで「本気でやるガッツはないな」という印象をもった。

そのような最中、カーター元大統領の訪朝が具体化したのは、決して偶然ではないだろう。

彼はかねてより北朝鮮訪問の希望を有していて、何度か国務省に打診していたが、そのつど時期がよくないとして、思い留まるよう説得されてきた。しかしこのときは阻止されることなく、むしろ政権の高官が事前に元大統領を訪れ、現状と米政府の方針について説明していた。よってこの訪朝は、カーター氏のまったくの私的な訪問とは言えないであろう。

訪朝は六月九日に発表され、カーター氏は同一五日に板門店から北朝鮮側に入った。ニューヨークにいた私たちは、この訪問にはあまり期待しておらず、ひたすら制裁決議案がうまく採択されるよう成り行きを見守っていた。

翌一六日、カーター元大統領は金日成と会談し、その結果を踏まえて平壌からCNNのインタビューを受け、これが放映される。カーターによると、金日成は核兵器を開発していないと重ねて主張した上で「IAEAの査察官を追放せず、監視装置を引き続き稼働させる」ことを約束し、「軽水炉の供与を受ける代わりに黒鉛減速炉を放棄する用意がある」と述べた。そしてカーターは「制裁の追求は誤りである」とかねてからの主張を展開し、何とカメラの前で「米政権は制裁の追求から手を引き始めている」とまで語ってしまう。

金日成の発言には何ら新味はないと思われた。つまり、従来の北朝鮮の主張の繰り返しである。しかしクリントン政権は危機を回避するため、この機会を活用しようと考えたようだ。即座に大統領は声明を発表した。「もし今日の事態の展開が、北朝鮮との対話の続いている間、真にそして検証できる方法で核計画を凍結する用意があることを意味するのであれば、我々は高官協議を進んで再開するであろう。その間我々は、国連における制裁に関する協議を追求する」〔18〕。

ちょうどその頃、閣僚としてホワイトハウスにいたマデレーン・オルブライト米国連大使が小和田恆国連大使に電話し、状況を説明している。

カーター氏本人からきちんと報告を受けてから北朝鮮側の対応をさらに分析する必要があるとしつつ、ニューヨークに戻り、とりあえず制裁決議案の工作は続けるという趣旨であった。事態の急展開に当惑している様子が見て取れた。

しかし一七日、国連では一切協議は行われなかった。カーター訪朝で高まった対話再開機運にすっかり気勢をそがれてしまい、安保理周辺の緊張感は緩んでしまったのだ。

一方、対話再開への動きは加速化していた。その後、クリントン政権は金日成の発言だけではあまりに新味がないと見たのであろう。次の三つを条件に、高官協議に合意することにした〔19〕。北朝鮮は使用済み燃料から追加的にプルトニウムを抽出しない、原子炉に新しい燃料棒を装塡しない、IAEAの査察官を現場に引き続き駐在させるという三点である。そして事態は急転直下、米朝交渉第三ラウンドに向けて急速に動き始めた。

†ジュネーブで米朝協議を追跡する

第三ラウンドの米朝交渉は七月八日、ジュネーブの北朝鮮代表部で始まった。双方の代表はこれまでと同じく米側がガルーチ国務次官補、北朝鮮側が姜錫柱第一次官である。初日、米朝双方から冒頭の発言がなされたが、カーター元大統領の訪朝とその後のガルーチと姜とのやり取りを受け、協議は順調にスタートしたようであった。

しかし翌朝、金日成が逝去したとの知らせが代表団に伝えられ、協議は延期せざるを得なかった。北朝鮮側代表団にとっては寝耳に水のようであったが、金日成は八日の交渉が始まる時点ですでに亡くなっていたのだ。平壌は実際の死去の後、しばらく時間をおいてからその事実を発表した。

米朝交渉は同じくジュネーブで八月五日から再開される。本省北東アジア課に頼まれて私が同地に出張し、この交渉の様子を逐一フォローして報告することとなった。前日の朝、ニューヨークから現地入りし、さっそく関係者の連絡先を確認し、手帳に書き留める。米代表部と日本代表部の担当者の電話番号、米側代表団は「インターコンチネンタル・ホテル」に泊っているのでそこの連絡室の電話番号、米側の連絡窓口である国務省朝鮮課のケン・キノネス担当官の携帯電話の番号などである。

基本的には、日本政府のジュネーブ軍縮代表部や宿舎で待機して連絡を待つ。何か動きがあればケンから電話があるが、連絡がなくてもこちらから一日に二回ぐらいは電話を入れる。相手にしつこいと思われても、鉄面皮で連絡することが重要である。ときどきガルーチ自身による日韓両国への説明会もある。

韓国側は本国から次官補級の高官を派遣し、何人ものお付きがいたこともあり、米側から手厚く説明を受けているようだった。日本側にもきちんと説明してほしいと、ケンの上司であるトム・ハバード国務次官補代理（東アジア・太平洋担当）に文句を言ったことがあった。彼は国務省の中のいわゆる「ジャパンスクール」である。その後は気を使ってくれ、しばしば夜、インターコンチネンタル・ホテルのバーで同僚のケント・ウィードマン国防次官補代理とともに、その日の米朝協議の動きを教えてくれた。

あるときは日本軍縮代表部の田中義具大使にお願いし、ガルーチ他米側代表団を食事に招いてもらい、情報を得たりした。そのおかげで毎日のように、本省に報告電報を打つことができた。

この再開交渉の中で我々や米国が心配したのは、金日成の死後、果たしてカーター訪朝後に生じた北朝鮮側の前向きかつ協力的な姿勢に変化はないかどうか、ということである。また金正日への権力の移譲が円滑に進むのか、疑問を呈する向きもあった。しかし交渉に関する限りは、北朝鮮の前向きかつ積極的な姿勢に変化はなかったようである。

この時点では南北対話を米朝の合意文書に盛り込むかどうかが、一つの大きな問題として浮上してきていた。北朝鮮はこれを拒否しているが、韓国の金泳三政権は南北対話を盛り込むよう米側に強く要請してきており、これがなければ韓国の理解と支持を得ることが困難である。また、今回の危機の原因となった「特別査察」問題について、北朝鮮はその実施のタイミングを依然として明示しておらず、最後まで問題として残ることとなる。

さらに、このときの米朝交渉の核心部分は黒鉛減速炉（建設中のものも含む）を軽水炉に代替するという北朝鮮側提案への対応であった。彼らは、米側にこの軽水炉の供与を保証するよう求め、それができないなら原子炉から取り出した使用済み燃料棒を再処理する（すなわち兵器級のプルトニウムがさらに抽出されることになる）と脅していたのである。

そして、米朝交渉第三ラウンドは八月一二日をもっていったん休会し、米朝間で合意声明が発表される。交渉は最終合意を目指して九月二三日、同じくジュネーブで再開されることとなった。

†「米朝合意された枠組み」の署名へ

その間、ガルーチにとって最も重要な宿題は、日韓に対して「軽水炉」への資金負担をするよう説得することであった。米朝交渉で北朝鮮側に「軽水炉」の供与を保証できなければ、合意はすべてご破算になる。その保証をするためには資金的裏付けが不可欠であった。米国は自ら資金負担する考えはないため、彼らとしては必要な資金を日韓から支出してもらわなければならない。

ガルーチは説得のため東京、ソウルを何度も訪問する。韓国は最終的に、一〇〇〇メガワット（一〇〇万キロワット）の軽水炉二基の供与にかかる経費の約七〇％を負担することを書面で約束した。[20] もっとも、韓国製の軽水炉を採用することがその前提である。

日本側においては外務省と大蔵省が粘った。柳井総合政策局長は、ガルーチに対して説得を試みた。「軽水炉の前にやるべきことはいろいろある。老朽化した送電線を改修することにより送電のロスを防ぐとか。そもそもどうして火力発電所では駄目なのか」。しかしガルーチは「北朝鮮側は軽水炉でなくては絶対駄目と言っている」と言い、取り合わなかった。[21]

また私たちとしては、日本の負担に対する国内の理解と支持を得るため、日韓だけではなく米国にも軽水炉供与にかかる経費の一部を負担してもらうことを要請したが、米国はとてもそんな状況ではなかった。軽水炉が完成するまでの間、代替エネルギーとして重油を北朝鮮側に供与する必要があり、その負担で手一杯であったのだ。軽水炉は日韓で負担してもらうというのが米側の一貫した目論みであった。

当時の日本全体の雰囲気は、村山内閣の下で「危機が去ってよかった。平和と安全保障が確保できるのであればよいではないか」というものであった。最終的には、韓国が中心的な役割を果たすことを前提に、日本としても意味ある貢献を行うことを米側に約束した。

これら日韓からの財政的支援の約束をもとに、米朝交渉は九月二三日から再開された。一〇月に入った時点で、韓国側から「この合意案では受け入れられない」という強い反応が示される。[22]合意案では軽水炉の重要な部分が完成した後でしか、北朝鮮はIAEAの「特別査察」を受け入れる必要がないことになっていた。つまり韓国は、軽水炉供与のために何一〇億ドルも支援しながら、過去の核疑惑の解明は何年も先に引き伸ばされることになる。それでは国民を説得できないというのだ。

このような韓国の反応の背景には、金泳三大統領の北朝鮮に対する現状認識があった。北朝鮮は金日成が死去した後、崩壊の寸前である。そんなときになぜ北朝鮮を助けなくてはいけないのか。米国の交渉態度は甘すぎる。そういった苛立ちが彼にはあった。また、合意案文には南北対話への言及もない。

米側はクリントン大統領まで担ぎ出し、金泳三をなだめにかかる。そして北朝鮮との関係については、案文に南北対話への言及を盛り込ませることに成功した。一〇月二一日、「米朝合意された枠組み」がガルーチと姜との間で署名された。

その主な内容は次の通りである。合計出力二〇〇〇メガワット（二〇〇万キロワット）の軽水炉を二〇〇三年を目標に北朝鮮に供与するため、米国が手配を行う。また、第一基目の軽水炉が完成するまで、代替エネルギーとして毎年五〇万トンの重油を北朝鮮に供与するため、米国が手配を行う。これらが日韓などの支援を背景に、米国が行うべき義務である。

これに対して北朝鮮側は黒鉛減速炉と関連施設を凍結し、究極的にはこれらを取り壊す。さらに北朝鮮は核不拡散防止条約の締約国にとどまり、保障措置協定の実施を認める。問題の「特別査察」については直接の言及はないが、「軽水炉プロジェクトの重要な部分が完了したとき、しかし鍵となる原子力部品が納入される以前に、北朝鮮はＩＡＥＡとの保障措置協定を完全に順守する」と規定されている。

この「合意された枠組み」が最善の取引であったのかどうか、ブッシュ政権の対北朝鮮政策との比較で今でも議論されることがあるが、その評価は容易ではない。

少なくとも、この「合意された枠組み」は署名された一九九四年から秘密のウラン高濃縮計画が発覚する二〇〇二年までの八年間、北朝鮮の核開発を管理し、その間のさらなる兵器級プルトニウムの生産を防いだ。北朝鮮の核兵器開発計画の進展を押さえたという意味で、これは評価できるのではないか。

ただし、その対価が妥当であったかどうかについて疑問がないわけではない。北朝鮮による原油の輸入量が毎年五〇万トン程度であることに照らしてみて、毎年五〇万トンにも及ぶ重油の供給は必要であったのか。また、一基一〇〇万キロワットの軽水炉を二基供与する必要はあったのか。

交渉の梃を見ると、北朝鮮側は常に「米側がいやならこちらはいつでも使用済み燃料を再処理したり、新しい燃料棒を装填したりして核開発を進めることができる」と脅すことができた。これに対してカーター訪朝後、米側は「安保理の制裁決議」を進めることを事実上放棄していたため、梃はなかったのではないか。むしろクリントン政権は、米議会の中間選挙を間近に控え、共和党からの批判を抑え、民主党候補の当選の可能性を高くするため、平壌との取引を非常に強く望んでいたのである。[23]

なお、ブッシュ政権下では六者協議の枠組みは結局完結しなかったが、その枠組みとクリントン政権の「合意された枠組み」との比較は追って、六者協議を記述する際に試みようと思う。

〔1〕Wit, Poneman, Gallucci "Going Critical" p. 13
〔2〕ドン・オーバードーファー『二つのコリア』菱木一美訳、共同通信社、一九九八年、三一八頁参照。
〔3〕国連安保理文書　S/二五五六二。
〔4〕ケネス・キノネス『北朝鮮——米国務省担当官の交渉秘録』伊豆見元監修、山岡邦彦・山口瑞彦訳、中央公論新社、二〇〇〇年、一六〇頁。

〔5〕"Going Critical" p. 54.
〔6〕Ibid., p. 58.
〔7〕Ibid., p. 53.
〔8〕一九九三年六月九日付『読売新聞』
〔9〕"Going Critical" p. 189.
〔10〕ただしブリックス事務局長は同時に別の方法、すなわち核廃棄物処理施設と見られる二つの施設を査察することで、北朝鮮の過去の軍事非転用を検証するという代替措置があり得ることを指摘した。
〔11〕"The New York Times" June3, 1994.
〔12〕"Going Critical" pp. 211-212、一九九四年六月一六日付『読売新聞』、『二つのコリア』三七二頁参照。
〔13〕オーバードーファーはその著書『二つのコリア』の中で、「中国は六月一〇日、……北朝鮮にとって最も不快なメッセージを伝えた。……拒否権行使が難しくなっているというのだ」と記している。
〔14〕米軍の増強が間近になると、在韓米軍は一九〇〇項目にわたる支援要請リストを作成した。『二つのコリア』三七四頁。
〔15〕"Going Critical" p. 210.
〔16〕Ibid., p. 180-181。
〔17〕Ibid., p. 206。
〔18〕Ibid., p. 229。
〔19〕"The New York Times", June20, 1994.
〔20〕"Going Critical" p. 293
〔21〕もっともガルーチとしても、北朝鮮側に非原子力によるエネルギー代替を検討するよう強く求めた

ことはあった。Ibid., p. 273。
〔22〕Ibid., p. 311。
〔23〕キノネス、前掲書三四七頁。

第四章

軽水炉の供与へ

日米韓3国の代表らも出席して行われたKEDOが北朝鮮に供与する軽水炉の敷地造成の起工式(1997年8月19日、北朝鮮・咸鏡南道琴湖地区、共同)

†朝鮮半島エネルギー開発機構（KEDO）に飛び込む

私はしばらくの間、朝鮮半島から遠のき、次にまた関与することになるのは一九九五年の暮れである。本省で大阪APECの仕事を終え、今度は九六年四月に予定されているモスクワ原子力サミットを担当するよう命を受け、その準備に取りかかろうとしたときであった。

北朝鮮を担当するアジア局北東アジア課から、悲鳴のような依頼が飛び込んできた。「明日にでもニューヨークに向けて出張してもらえませんか」。同地では米朝間の「合意された枠組み」に基づき設立された朝鮮半島エネルギー開発機構と北朝鮮との間の交渉が大詰めを迎えていた。助っ人として行ってくれということである。

「合意された枠組み」において、米国は北朝鮮に軽水炉を供与するため「国際コンソーシアム」を組織することを約束していた。それが九五年三月、朝鮮半島エネルギー開発機構（KEDO）として発足し、その中心メンバーは日米韓である。軽水炉への資金負担について韓国は、韓国型の軽水炉を供与することを前提として中心的役割を果たすことを約束していたが、北朝鮮がこれに難色を示したため、その年の前半、米国は必死になって北朝鮮を説得した。その結果、北朝鮮が韓国型の軽水炉を受け入れるに至ったため、KEDOが本格的な作業を開始したのである。

最初の任務は、軽水炉の供与の範囲や返済の条件といった重要事項を定める「供給取極」を北朝鮮との間で結ぶことであった。その交渉は九五年九月中旬からニューヨークに開設されたKEDOの事務所で行われる。日本からも関係省庁の責任者や担当者が入れ替わり立ち替わり出張し、米韓の代表とともに交渉に参加していた。

日本からは外務省の大島賢三アジア局審議官を代表として、同省、大蔵省、通産省、科学技術庁の担当官がニューヨークに張り付いている。しかしアジア局も北東アジア課も多忙で、長期間、幹部や担当を出張させるわけにはいかない。そういうことで一二月初旬に急遽、大島審議官の交代要員としてニューヨークに赴いたのである。

開設して間もないKEDOの事務所は、マンハッタン三番街の四〇丁目あたりのビルの中にあった。まだ完全に立ち上がっていない感はあるが初々しい活気がある。事務局では外務省から派遣されている梅津至次長がにこやかに応対してくれて、「これから職員をさらに増やさなくてはいけないので、場所を広げるためもう一フロアー借りることにしているんですよ」と話した。

KEDO事務局のトップである事務局長は、米国人のスティーブ・ボズワースが務める。在フィリピン米国大使などを歴任した能力・人格ともに抜群の人物で、後に在韓国米国大使を務め、オバマ政権の下では北朝鮮問題特別代表を務めることになる。その下で日韓各一名ずつの次長が業務を取り仕切る。当時、事務局員は全部で三〇名近くおり、ほとんど日米韓の職員で成り立っていた。

北朝鮮との間で、我々KEDO側はボズワース事務局長が代表して交渉に当たる。相手側の代表は前国連次席大使の許鐘《ホジヨン》本部大使である。KEDO事務局と日米韓政府の代表が部内会議で対処方針を協議し、これに基づいてボズワース事務局長が北朝鮮側と激しく交渉する。これが終わるとまた部内で協議するということの繰り返しである。

当初、無理な要求を突きつけていた北朝鮮側も次第に譲歩し、ゲームは終わりに近づきつつあった。KEDO側が北朝鮮に対し、出力一〇〇〇メガワット（一〇〇万キロワット）の加圧型軽水炉を二基供与することはすでに明確になっていたが、最大の問題は、KEDO側が責任を負うべきこのプロジェクトの具体的な「供給の範囲」をどうするかということである。この裏返しとして、北朝鮮側が責任を持って進める作業や事項も明確にしなくてはいけない。

当初、北朝鮮側は「供給の範囲」に様々なものを含めることを要求していたが、最終的には通常の軽水炉建設の範囲内に収まった。具体的にはサイト調査、整地などサイトの整備、一部アクセス道路など建設前のインフラ整備、発電システム、二年分のスペアパーツ、訓練プログラムなどである。一方で北朝鮮側は住民の退去などサイトの整備、既存の港、空港へのアクセス、採石場の確保などに責任を有することが明記された。

問題は、送電網や配電網をどうするかということである。巨大な軽水炉を作っても、そこからの電気を国内に送電・配電できなければ意味がない。しかも北朝鮮の既存の送配電網は老朽化が激しく、多大な送電ロスが発生しているとも言われていた。この問題については最後まで揉めたが、結局は北朝鮮側が行うことになる。ただしKEDOは軽水炉プロジェクトの枠外において別途、北朝鮮が商業契約を通じて送電線などを入手するための努力を支援することとなった。

返済条件について北朝鮮はKEDOに対し、各炉についてその完成時点から二〇年間（三年間の据え置き期間を含む）にわたり、無利子の均等半年割賦にて支払を行うこととなった。この点に関して北朝鮮側は、黒鉛減速炉の開発などに投資した資金を返済額から相殺するよう要求していたが、これも最終的には取り下げた。なお、この返済額にはKEDOが責任を持つ「供給範囲」に含まれる事業・事項の費用も含まれる。

返済は現金または現物で行うことが明記された。北朝鮮が本当にきちんと返済するのかどうか、誰も口には出さなかったが、一抹の不安と疑問は拭い切れなかったと思う。

このように約三カ月続いたKEDOと北朝鮮との最初の重要な交渉は幕を閉じ、「供給取極」は日米韓三カ国政府の承認を得て、一九九五年一二月一五日に署名された。KEDOとしては成功裏の出発であった。一方で具体的な「返済額と条件」をはじめとする一〇以上の事項の詳細については、別途ＫＥＤＯと北朝鮮側との間の「議定書」で定めることとされた。この「議定書」交渉とサイト調査が当面、ＫＥＤＯの中心的な業務になるのである。

†潜水艦侵入事件の発生

「供給取極」に従い、ＫＥＤＯは二〇〇三年の完成を目標に軽水炉プロジェクトの引き渡し日程を作成しなくてはならない。そのためにはできるだけ早くプロジェクトの用地を調査して決定し、工事を開始する必要がある。一方で外交関係と信頼関係がなく、大使館、領事館もない北朝鮮で実際作業を開始するためには、最低限の法的な枠組みを北朝鮮との間で構築する必要があった。この作業は「議定書交渉」という形で、ニューヨークを舞台に精力的に行われた。

まず、北朝鮮の中に入って作業をするＫＥＤＯ職員や建設事業者を保護する仕組みを作ることが不可欠である。恣意的な理由でこれらの職員や事業者が拘束されたり、その財産が侵害されたりすることはあってはならない。そこで彼らの不逮捕・不拘束やＫＥＤＯ施設・住居の不可侵などを保障する特権免除議定書が締結された。

北朝鮮側は最初の段階で高い要求を突きつける、一度まとまったと思ったら蒸し返してくる、新たな要求を出すなど決して楽な交渉ではなかったが、全般的にはビジネスライクで協力的であった。しかし軍との関係が機微なのか、国家の安全にかかわる問題については厳しい態度を崩さない。

たとえば現場の工事を開始するには、「通信」の問題を解決しなくてはいけない。KEDO側が衛星通信システムや携帯電話を含む安全で独立した通信手段の設置と使用を求めたのに対し、北朝鮮側はこれをなかなか認めようとせず、結局、起工式の二四カ月後に認めるとの内容でようやく合意した。また、「運輸」について現場のサイトに人や物資を運ぶ際のルートを決めるときも、北朝鮮側は神経質になった。特に海上輸送のルートに関しては、迅速で経済的な沿岸のルートを認めようとしない。そのため当面は、陸地からずいぶん離れた沖合のルートの使用を余儀なくされたのである。

その他、経費の効率性や労働の質に配慮しつつ、できるだけ多くの北朝鮮労働者をKEDOが雇用することなどを定める「労働、その他サービスに関する議定書」や、用地の範囲やサイト調査報告書の提出と用地引き渡し証明などに関して規定する「用地に関する議定書」の交渉が進められる。

一方で、軽水炉建設候補地の調査も着々と進んでいた。北朝鮮の日本海側に位置する咸鏡南道の琴湖である。一九八〇年代、ソ連がこの地で軽水炉供与を念頭に調査を行った経緯がある。KEDO側は当時の資料の提供を受け、何回か実地調査を繰り返していた。このようにKEDOと北朝鮮当局との間で工事の着工に向けて準備が順調に運んでいると思われたとき、突然思いがけない事件が発生した。

一九九六年九月一八日の早朝、三八度線近くの韓国東海岸に位置する江陵市の海岸沿いを走っていたタクシー運転手と乗客が不審なものを発見する。よく見ると、黒っぽい物体が座礁して波間に揺れている。彼らは直ちに警察・軍に通報し、韓国軍は速やかに非常召集を発令し、市内の道路を封鎖するとともに掃討作戦を開始した。

これは偵察あるいは韓国への浸透を目的とした、北朝鮮の特殊潜水艦だった。この潜水艦は数日前に上陸させた偵察員を回収するため、海岸に近づこうとして座礁してしまったのである。艦長以下一一名の乗組員が潜水艦の中で集団自決し、残りの工作員は上陸して逃亡を始める。それを阻止しようとする韓国軍との間で銃撃戦が展開される。最終的に一三名が射殺され、一名が逮捕された。その過程で韓国側にも多くの人的被害が発生し、軍人一三名、民間人六名が死亡した。

北朝鮮に対する韓国世論は硬化し、金泳三大統領は武装ゲリラによる許しがたい挑発であると断定し、強硬な立場を表明した。一方で北朝鮮側は、訓練中の潜水艦が潮流に流されて発生した事故であるとして、潜水艦と乗組員の返還を要求する。これに対し韓国側は、スパイ行為であるとしてこの要求を拒否し、北朝鮮側が報復を示唆するなど緊張が高まっていた。

金泳三政権としては厳しい韓国内の世論を背景に、このような事件が発生したからには北朝鮮による謝罪の表明などが示されない限り、KEDOの事業を進めるわけにはいかない。多くのKEDOの作業がストップしてしまった。第七次現地調査は延期となり、年内の軽水炉プロジェクト着工は困難となってしまう。各種「議定書」の交渉も中断してしまった。

†KEDOは政治的真空には存在しえない

潜水艦事件を受けた韓国政府の強硬な姿勢をめぐり、KEDO事務局、理事国の間で立場の違いが表面化してきた。米国としては潜水艦事件とKEDOの事業は直接の関係はなく、二〇〇三年の目標年に軽水炉プロジェクトを完成させるには、一連の作業を一日も早く進めなくてはならない。そのため韓国政府に対して露骨に圧力をかけ始め、これに韓国側は反発する。私たち日本側はその間に立ち、韓国政府・国民の心情に十分理解を示しつつも、一部の作業を再開ないし推進する方途はないか、韓国側に粘り強く打診した。

わが方の理事である瀬木博基KEDO担当大使はこの時期に何度かソウルを訪問し、相手方である張スンスプ大使をはじめとする韓国政府の要路に温かく働きかけた。

「私たちは、危機においてはいつも皆さんと一緒である。潜水艦事件の犠牲者に同情申し上げる。韓国国民の怒り、政府として動くことが難しいこと、大統領のお気持ちはよく理解できる」。

そう前置きしながら「北朝鮮と直接交渉したり、北朝鮮をKEDOが訪問し、調査を行ったりすることは当面できないであろうが、北朝鮮を直接関与させずにできる作業は進めようではないか」と静かに諭す。

たとえばサービスとサイトに関する議定書の交渉はすでに実質的に妥結しており、これを目立たない形で署名できないか。また、次の議定書交渉に向けた準備のため、案文をKEDO内部で起案し、交渉することはできるのではないか。

今後、軽水炉プロジェクトに対する資金拠出の手続きを進めていく必要があるが、そのためにはまず事業の「見積もり」を精査・決定し、その経費を日米韓を中心にどのように分担するのか議論し、決める必要がある。そのうえで日本の経費分担については国会の承認を得る必要があるが、日本が先行することはあり得ない。軽水炉プロジェクトに関して中心的な役割を果たすことになっている韓国が、国会の承認を得ることが政治的に不可欠である。さらに、KEDOの加盟国とその貢献を増やすためEUの加盟を促す必要がある。そのような交渉に北朝鮮は関与しないので、可能なはずである。

こういう話を瀬木大使は粘り強く続けていった。当時、私たちとしては二〇〇三年の完成目標を実現すべく、九七年の通常国会で日本の資金拠出について承認を得ることを念頭に準備をしようとしていた。そのためにやるべきことは多々ある。韓国の気持ちはわかるが、潜水艦事件のために必要な準備が中断されることは極力避けたかったのだ。

これに対して韓国政府は立場上、北朝鮮に対して事件の認定、謝罪、再発防止の確約を求める。これらについて北朝鮮側から何らかの態度が示されない限り、KEDOの事業に関しては一定の冷却期間を置き、事業を一時中断するというものであった。

張大使は九六年一〇月の時点で、訪ねてきた瀬木大使に次のように語っている。

「我々は何もなかったがごとく先に進むわけにはいかない。人々は当惑し、厳しい状況である。一方でどれだけ待つべきかと言うと、少なくとも一定の時間が必要であり、北朝鮮からのシグナルを待って我々の行動を再検討する。軽水炉は、今は動かせない。北朝鮮からの謝罪のジェスチャーが必要である」。

具体的に韓国側は、実質的に交渉が妥結している二つの「議定書」の署名は、今はできない。北朝鮮にKEDOから人を送ることも、今は駄目である。現時点では、北朝鮮との間でいかなる交渉を行うことも非常に難しいとの立場である。

「しかし政府は北朝鮮を直接巻き込まない作業、たとえば日本側が求める軽水炉の「見積もり」作業などは追求していくことを決心した。予算手当は北朝鮮を直接巻き込まないが、国民からの厳しい反応があり得る。経費分担の話はリスクがあるが、やる決意である」。張大使は最後にそう言った。

韓国政府は、厳しい国内世論はあるものの日米からの働きかけに配慮し、可能な範囲内でKEDOの事業を進めるべく努力していたのである。一方で時はいたずらに過ぎ、一二月になっても事態の好転はなく、北朝鮮を巻き込むKEDOの事業は中断されたままであった。米国政府は業を煮やし、米韓関係の軋みが伝えられた。

この時期、瀬木大使は改めてソウルを訪問し、張大使などに「軽水炉事業を進めるよう」温かくかつ執拗に迫った。しかし韓国政府は、北朝鮮側から謝罪を示す何らかのジェスチャーが示されない限り、KEDO事業を全面的に再開することはできないとの立場に固執する。「北朝鮮から何の見返りもなく、KEDO側が事業再開への具体的シグナルを送れば、大統領は政治的に生存できない」。金泳三大統領は厳しい立場を崩さなかった。

日米韓の対立を心配し、何とかKEDOの事業を少しでも進めようとしていたボズワースKEDO事務局長は「KEDOは政治的真空に存在することはできない」と語った。KEDOは厳しい南北関係と韓国世論から無傷でいられない。我々の事業の遅延は不可避となり、日本政府としても、九七年の通常国会に軽水炉関連予算を上程することを断念した。

しかしながら韓国政府の一貫した強硬姿勢が功を奏し、九六年一二月二九日、北朝鮮は潜水艦侵入事件に対して遺憾の意を表明した。翌九七年から北朝鮮との間のKEDO事業は全面的に再開されることとなる。

KEDOの事業がいよいよ本格化するというこの時期に、なぜ潜水艦事件が起こったのか？当時韓国では、北朝鮮の内部に「合意された枠組み」の実施に反対する強硬派と、これを進めようとする穏健派との対立があるとの見方があった。その見方は正しいかもしれないが、何事も秘密のベールに包まれている北朝鮮内部で、実際に何が起こっていたのかは知りようがない。しかし北朝鮮の軍としては、KEDOがあろうがなかろうが、偵察・侵入に代表される対南工作は今後も続けていくのではなかろうか。彼らにとって、潜水艦事件はたまたま発覚してしまった不幸な事件ではあったが、通常の工作だったのであろう。

もう一つ、この事件に対する韓国政府の強硬姿勢に日米、特に米国は苛立ちを隠さない。そんな米国は同盟国の韓国よりも北朝鮮との関係を配慮しているのではないか、という疑念を韓国に抱かせるに至った。しかし、ことの原因を作ったのは北朝鮮である。潜水艦事件とKEDOとは直接関係ないとは言え、KEDOは政治的な現実を離れては存在できないのである。

このような事態は韓国、南北関係に特有のものではない。その後、一九九八年八月三一日に北朝鮮から発射されたテポドン・ミサイルが日本列島の上空を飛来し、三陸沖に落下した。この事件に日本の世論は硬化する。翌九月一日、我が国の政府はKEDOの進行を当面見合わせるとの方針を決め、当時準備ができていた経費負担問題に関するKEDO理事会決議案への署名を見合わせた。[1]

この二つの事件は、外交関係・信頼関係がない敵対国と事業を進めることがいかに困難であるかを示している。

EUの加入をめぐって日米韓で激論

KEDOは設立当初から資金難に陥っていた。軽水炉の経費負担はしばらく先の話であり、事務局経費や用地の調査にかかる費用は日米韓が負担した。では、北朝鮮に提供する重油の経費をどうするか。

「合意された枠組み」により米国は、軽水炉の第一基目が完成するまでの間、代替エネルギーとして毎年五〇万トンの重油の供給をアレンジすることを約束している。その重油の供給をKEDOが請け負った。そのためには当時の市場価格で年間約五〇〇〇万ドル（一ドル一〇〇円とすると五〇億円）が必要であった。

日米韓の間では経費負担につき、軽水炉は韓国が中心となり、日本が意味のある財政的貢献を行い、重油は米国が第一義的な役割を果たすことが期待されていた。しかし、米国の予算手当は十分ではない。一九九六年の時点で、米国は重油供与資金として一九〇〇万ドルの拠出金を予算措置しているのみである。しかも、米国議会における予算審議の長期化に伴い、この一九〇〇万ドルが実際にいつ拠出されるかも明確になっていなかった。[2] 米議会は「合意された枠組み」に対し、批判的だったのである。

日米韓以外のKEDO加盟国は、九六年の時点でニュージーランド、豪州、カナダ、フィンランドに過ぎない。三カ国の担当大使はASEAN諸国や産油国を訪問し、KEDOへの財政貢献を促したが、微々たる貢献しか得ることができなかった。[3]

そこで大口の資金を供与してくれる国・地域を探さなければならないが、それは欧州共同体(EU)をおいてほかにはない。欧州委員会は九六年四月、欧州原子力共同体がKEDOメンバーになること、および一五〇〇万ECU(一ECU＝一ドルとすれば一五〇〇万ドル)を今後五年間にわたり毎年KEDOに対し貢献することを内容とする提案を決定し、今後、閣僚理事会の承認を求めることを発表した。

毎年約一五〇〇万ドルにのぼる安定的な資金の拠出は、重油資金の手当てに奔走する米国にとってまさに垂涎の的である。同年一〇月、EU外相理事会がEUのKEDO加盟に関し、欧州委員会が今後KEDOと交渉を行うためのマンデート(委任された権限)を決定するや、欧州委員会とKEDOとの交渉が始まった。

しかしながらEUはしたたかである。焦る米国の足元を見透かしたように、KEDOに加盟する限りは、日米韓と同等の立場で執行理事会メンバーになる必要があると主張した。当初の執行理事会メンバーは日米韓の三カ国のみである。その意思決定は全会一致で行うことになっていたため、日米韓の各国は事実上の拒否権を持っていたことになるが、ＥＵが理事会に入ってくるとこの既得権益が侵される恐れがあった。

これに激しく反発したのは韓国である。直前に潜水艦事件が発生しており、ただでさえＫＥＤＯの関連事業を進める雰囲気にはない。ＥＵの加盟交渉については日米からの働きかけもあり、しぶしぶ同調したに過ぎない。このように消極的であったところに、ＥＵ側が日米韓と同等の立場を要求してきたのである。

韓国としては、ＥＵを執行理事会に受け入れることはやむを得ないという考えはあったものの、日米韓に与えられた特別な立場に固執した。こうして、一〇月中旬ブリュッセルで行われた欧州委員会との第一回目の交渉は平行線をたどる。

これに業を煮やしたのは米国とＫＥＤＯの事務局である。ＥＵ側との交渉では、ＫＥＤＯ側はボズワース事務局長が首席代表となり、その脇に韓国より朴仁国《パクイングク》軽水炉事業団部長（後の韓国国連大使）、米国よりジョール・ウィット国務省朝鮮課ＫＥＤＯ調整官、日本よりＫＥＤＯ担当の企画官である私が控えている。交渉の合間、ボズワース事務局長が朴部長にもっと柔軟に対応するよう促す。ウィットは朴を部屋の隅に呼び、低く威嚇するような声で圧力をかける。この時点で日本は対岸の火事、高みの見物である。

一一月の第二回目の交渉を経て、韓国側がいくつかの具体的選択肢を示してきた。理事会の中でEUを平等に扱いつつも、日米韓が一体となって投票することを「設立協定」の中に書き込むというものである。韓国側は内々で我々に呟いた。「一五〇〇万ECU（約一五億円）というEUのちっぽけな貢献のために譲歩したとあっては、国内では納得が得られない。EUを理事会に入れつつ、日米韓三カ国の立場は影響されてはならない。さもないと韓国の立場に悪影響を与える」。

私たちは「「設立協定」にそのようなことを明記するとEUが受け入れないだろう。付属書簡などで、決議案をまずは三カ国で調整することを決めておく方がいいのではないか」と説得したが、韓国側は「いや、設立協定に明記することが不可欠である」と譲らない。韓国案をEUに提示すると、案の定拒否された。

そこで韓国側は「設立協定」に明記することはあきらめたが、日米韓三カ国が理事会決議に一体として臨む、つまり一カ国でも反対すれば皆反対するということを法的拘束力のある文書で別途定めることを提案してきた。事実上の拒否権が法的に維持されるということである。これに対して米国は、法的拘束力のある文書には同意するが、秘密文書にする必要があると言ってきた。

ここで初めて日本に圧力がかけられる。外務省の条約局が「法的拘束力」のある文書に否定的だったのだ。ましてや、法的拘束力ある秘密文書の署名は国会との関係であり得ない。ボズワース事務局長や米国務省のウィットから「何とかしろ」と次々に申し入れを受けた。

一二月のブリュッセルにおける交渉が目前に迫っていた週末のある日、閑散とした外務省に出勤した私は条約局の同僚に改めて言った。「何とかならないのか。知恵を出してくれ」。しばらくの後、彼らは出口を見出してくれた。秘密合意さえ避ければ何とかなる。

クリスマスの直前、ブリュッセルで欧州委員会と最後の交渉が行われる。ゲームは終わりを迎えていた。EUとの間では「設立協定」を改定することで合意した。一番の問題であった理事会の意思決定方式については、当初の「設立協定」には「すべての原加盟国の代表の意見の一致により行われる」とだけ記されてあった。EUの加盟後は「すべての代表の意見の一致により、または意見の一致が得られない場合は、多数決で行われる」ことになった。

これで、「設立協定」上形式的には、EUも原加盟国たる日米韓とまったく同等の権利義務を有することが確保され、EUの加盟と貢献が実質的に決まったのである。一方、日米韓は従来認められていた事実上の拒否権を確保するために別の文書を作成し、署名することとなった。この交渉の実質妥結を受け、翌九七年九月にEUは理事会メンバーとしてKEDOに加盟し、KEDO設立協定が改定された。

こうして日米韓の間の葛藤を経て、KEDOの正当性と財政基盤は強化されたのである。

†なぜ我々は負担しなくてはいけないのか

最大の課題は、軽水炉二基の経費分担と予算の手当てである。韓国政府は軽水炉の建設費用の七割を負担することを約束している。日本政府は、韓国が中心的役割を果たす軽水炉プロジェクトの全体像の下で、意味ある財政的役割を果たす意図があることを明らかにしていた。数字は約束していなかったが、当時二割を負担することが期待されていた。まずは軽水炉建設にかかる費用の見積もりを精査して決定し、日本の負担額を明確にする必要がある。それと同時に、日本の資金をどのようなメカニズムでKEDOに拠出するかを検討することも重要であった。

当時、巷では一〇〇万キロワットの出力を有する韓国型の軽水炉を二基建設するには、約四〇億ドル(四〇〇〇億円程度)かかることが伝えられていた。しかし、この数字はあくまで参照プラントである韓国の蔚珍三および四号炉の建設に要した費用であり、今回の場合にそのままあてはまるわけではない。

軽水炉の建設を請け負う主契約者として内定している韓国電力公社(KEPCO)より、九六年の時点で、約六〇億ドルという額が大まかな見積もり(ROM)として提出されていたが、私たちはそのような高額をそのまま受け入れるわけにはいかない。形の上ではいずれ北朝鮮から返済されるとはいえ、無利子で提供する限り、全体のパイが大きければ大きいほど日本の財政負担も大きくなる。通商産業省（現・経済産業省）などに依頼し、この大まかな見積もりを精査する作業を開始した。そのうえで日米韓、事務局が協議して正式に見積額を精査し、決める必要がある。

ニューヨークや東京で何度となく協議を重ねるが、各国の立場はまちまちである。米国は一切軽水炉に拠出するつもりはないので、「何でもいいから早く決めてくれ」と言わんばかりの無責任な態度である。韓国政府はKEPCOを抱えているため、見積もりの圧縮には消極的である。よって真剣に精査し、見積もりを減額しようと努力するのは日本政府だけである。

ニューヨークのKEDO事務所に乗り込み、厳しい内部の交渉を続けるが埒が明かない。休憩時間に、韓国の財政部から事務所に出向している李部長を捕まえて次のように説得する。「見積もりが大きくなると、韓国政府の負担額が増える。それは結局国家財政、国民の負担になるのですよ。財政当局としては見積もり削減に努力すべきでしょう」。

李部長は「個人的にはおっしゃる通りです。私は日本政府の立場を支持したい」と言ったが、彼の意見は韓国政府の立場にはまったく反映されない。

ソウルに出張した際、KEPCOの社長にも面談を求め、見積もりの圧縮を訴えたこともあった。しかし「北朝鮮で事業を推進するには不確実性が多く、韓国で建設するより経費がかかる」などと言い、いっこうに聞く耳を持たない。
ニューヨークの協議で、本来中立的であるべき事務局のある技術責任者が「六〇億ドルぐらいかかるのは技術的にも裏付けがあるし、やむを得ない」と発言したとき、頭に来て思わず怒鳴り付けたことがあった。「資金を拠出するのは我々だ。見積もりを決めるのは政府なのだから、事務局は余計なことは言わないでほしい。金はどうせどこかから出ると思って、勝手なことが言えると思ったら大間違いだ」。以後、事務局は真剣に日本の立場を考慮するしかないと思い始めたようで、見積もり削減に協力的になった。

北朝鮮での軽水炉建設にあたって、国内で提供される労働力やその他の財・サービスは韓国より安いはずであり、六〇億ドルとは虫のいいハッタリである。日本が強硬な姿勢で見積もり交渉に臨むと、ＫＥＰＣＯは徐々に金額を下げた見積もりを再提出するようになった。そして九七年一〇月末の東京における会議で見積もりを五一・七八五億ドルとすることで実質妥結した。[4] ＫＥＤＯの事務局長は当時すでにデュセイ・アンダーソンに代わっていたが、彼は「日本はよく粘っていい数字に持ってきた」と評価した。

これを小渕恵三外務大臣に報告し、了承を得る。翌一一月下旬、ワシントンにおける理事会でこの見積もりを正式に決定した。これを受けて、次の段階として経費分担について話し合いを開始することになった。

一方で、ただ金を出すだけでは国益につながらず、日本の貢献はKEDOを通じて韓国のKEPCOに流れていくだけである。よって日本の拠出額に見合った軽水炉の部品などを、日本企業から調達してもらうことが肝要である。この機材の調達についても、日米韓・事務局の間で協議を続けた。この日本の主張に対しても、韓国、米国の反発は強かった。

ニューヨークにおけるある協議の合間に、米国務省のウィットとこの問題について率直に二人で語り合ったことがあった。

ウィットは「日本は要するにいつもの輸出を増やしたい。日本企業を潤わせたい。そういうことだろう」と顔を真っ赤にしながら、反論する。これに対し、私は「そうではない。日本政府が恐らく一〇億ドルにものぼる国民の税金を投入しておいて、日本の顔が見えないということでは国内での説得は難しくなる。日本の機材を納入することで、日本は目に見える貢献ができる。日本からの資金の拠出の環境を整えるためには、それが必要である」。そして、さらに畳みかけるように「米国政府は軽水炉に一銭も払わないくせに、米企業がかなりの機材・部品を納入するのではないか。これではフェアーとは言えない」と言った。

けんか腰でしばらくやり取りが続くが、これはウィットとの信頼関係があったからできたことである。議論の最後に彼は「日本の真意はよくわかった。何ができるか考えてみたい」と言い、握手して別れた。

この問題については野田仁・外務省企画官が大変な時間と労力を投入し、尽力してくれた。結果的に日本企業は、日本の財政的貢献以上の機材・部品を受注することができたのである。

さらに大きな課題は、日本政府としての拠出のスキームを確定し、拠出額と財政負担のあり方に道筋を付けることである。

形式的にはKEDOへの無利子融資という形をとるため、日本輸出入銀行からKEDOに融資をしてもらい、その利子分を政府、つまり外務省が補塡するというスキームを考えた。輸銀の局長、課長や大蔵省（現・財務省）の理財局幹部を日参し、了承を得るように尽力するが、なかなか容易でない。「北朝鮮による返済の見通しはどうなのか。北朝鮮が返済しなければどうするのか」と聞かれたら、「万が一の場合、政府が最大限の努力をします」と答えざるを得ない。

また、利子補塡も容易ではない。最初の数年間は年数億円の補塡で済むであろうが、たとえば一〇〇〇億円拠出するとすれば、補塡額は数十億円にのぼることになる。「しかし他に代替案はない。日本の安全保障のためである」と言って外務省官房幹部の説得に努める。政府関係者の了解を得た後は関係議員の根回しに奔走した。

見積額と資金スキーム、貢献額が決まると九八年七月、KEDOの理事会において日本は

「コミット時の一〇億ドル相当円」、韓国は「総経費の七〇％」を貢献し、EUは九七年のKEDO加盟以降、五年間にわたり計七五〇〇万ユーロ（約八〇〇〇〜八五〇〇万ドル）を貢献することで実質的に合意した。米国に対しては累次にわたりいろいろなレベルで、少しでも象徴的な額でも軽水炉に拠出することが重要であると日本側が訴える。しかし重油に対する資金手当てで精一杯であるとして、約束は得られなかった。

以上の経費負担は九八年一一月、KEDO理事会で正式に決定され、日本の貢献額として一一六五億円が明記される。その後、我が国としての資金供与協定が九九年五月、KEDOとの間で署名され、同年六月末、国会がこれを承認するに至った。二〇〇〇年二月には国際協力銀行（輸銀の後身）よりKEDOに対し、最初の融資が実行されている。

†それでもKEDOには意義がある

一九九〇年代末までに限って見ても、KEDOの事業を進めるにあたっては多大な困難が伴い、紆余曲折を経た。前述の通り、日米韓の原加盟国同士やKEDO内部においても潜水艦事件の対応や欧州連合の加盟、経費負担の問題などをめぐって激しく意見が対立し、立場の調整に多大な時間とエネルギーを要した。

初代事務局長を務めたボズワース氏は後年、「北朝鮮との交渉よりも日米韓を中心とするK

EDO内部の交渉の方がより困難であった」と述懐している。〔5〕

また北朝鮮との間では、KEDOそのものの事業に関しては大きな問題は生じなかったが、潜水艦事件以外にもテポドン・ミサイルの発射、金昌里秘密核施設疑惑、〔6〕日本海における不審船の出現など事件・問題が次々と発生する。KEDOの事業はそのつど、波間に浮かぶ小舟のように大きく揺さぶられた。

その多くは北朝鮮側に起因する問題で、軽水炉プロジェクトの進行は予定より大幅に遅れる。目標年である二〇〇三年の完成は不可能な状況になっていたが、建設作業は着実に進んでいた。一九九七年七月にKEDOの現地事務所が琴湖に開設され、日米韓の職員が駐在を始めたし、翌八月には初期建設工事の着工式が現場で執り行われる。九九年一二月には韓国電力公社とKEDOとの間で主契約が署名され、本格的な建設事業が開始された。

このように内外に難題を抱えつつ、我が国としては一〇〇〇億円以上の拠出を約束して進められたプロジェクトであったが、それだけの意義はあったと思う。

まず何より、北朝鮮の核開発を凍結ないし遅延させるための現実的な方途は、米朝の「合意された枠組み」およびこれを受けて設立されたKEDOを通じた軽水炉建設事業しかなかったのではあるまいか。後述の通り、ブッシュ政権の下で北朝鮮によるウラン高濃縮計画が発覚したことにより、KEDOの事業は中断、そして終了を余儀なくされる。しかし少なくともそれまでの間は、北朝鮮の核兵器開発を阻止する恐らく唯一の現実的な選択肢であった。我が国にとってＫＥＤＯへの貢献は、わが国の安全保障および世界的な核不拡散に対するコストであったと言えよう。

この基本的な点以外にも、ＫＥＤＯの意義はいくつか挙げられる。

第一にＫＥＤＯは私たち日米韓、特に韓国に対し、北朝鮮と関与する貴重な機会を提供した。ＫＥＤＯの琴湖事務所には日米韓の職員が常駐し、閉鎖的な国と外界をつなぐ象徴的かつ実質的な存在であった。金泳三政権の間、南北関係がしばしば困難と緊張を経験し、両者の接点が極めて限られていたことを思えば、ＫＥＤＯは南北間の対話と信頼醸成を促進する触媒の役割を果たしたのではないか。もちろん、ＫＥＤＯとの交渉において北朝鮮側は米国人を代表とすることに固執した。が、実際には慣れてくると、南北の関係者が直接対話を進め、交渉が韓国語・朝鮮語でどんどん進んでいったこともあった。

この点、日本の場合は状況を異にする。私たちはＫＥＤＯのチャンネルを、日朝関係のための意思疎通や関係改善のために使う意図はなかった。しかし一九九二年末に日朝交渉が中断されて以来、日朝関係は低迷し、両者の接触も極めて限られていたので、必要であればＫＥＤＯを通じて北朝鮮の立場や状況を探ることはできたかもしれない。

二点目として、北朝鮮側はＫＥＤＯとの交渉や共同作業を通じて、国際社会の常識や基準などについて多くのことを学んだ。たとえば各種の「議定書」交渉を通じ、北朝鮮側は原子力に関する国際基準や知識のみならず、特権免除、通信、運輸、労働、債務不履行などについて、資本主義社会の通念や基準を採用していった。現場における北朝鮮労働者と韓国労働者との共同作業もまたしかりである。これらはいわばソフトウェアあるいは文化であり、KEDOの事業が終了した後も北朝鮮の専門家や関係者を通じて、その社会に影響を及ぼしていくであろう。

たとえば九八年の末から、韓国の大企業「現代」による金剛山観光事業が始まったが、その際、南北の間で行われた各種の取り決めはこのKEDOとの「議定書」が基礎となり参考となったと言われている。北朝鮮の社会が外部に一部開放し、限定的であれ改革を進める場合、KEDOとのやり取りの経験・蓄積が参考となるであろう。

三点目として、KEDOは日米韓三国が共通の目的のため、具体的な事業をともに推進する初めての試みであった。特にその目的が、地域の安全保障と不拡散であったということは興味深い。それまで私たちの協力関係、特に安全保障の関係は米国をハブとする二国間関係に限定されており、日韓間では安全保障の協力に言及すること自体、デリケートな問題だったのである。

これは日本にとっても大変貴重な経験であった。将来、この地域あるいは世界の重要課題やプロジェクトを共同で推進していこうとなった場合、KEDOの経験を生かして日米韓が核となり、コンソーシアムや組織を作っていくことが考えられるのかもしれない。

†ブッシュ政権の誕生とKEDOの終焉

二〇〇一年一月、八年にわたったクリントン政権が終了し、新たにブッシュ政権が発足した。「ABC（Anything but Clinton）」と言われるがごとく、前政権の政策の見直しが始まり、対北朝鮮政策も例外ではなかった。その年の九月には九・一一テロ事件が発生し、米国はテロとの戦いのためアフガニスタン侵攻を始める。二〇〇二年一月の「一般教書演説」でジョージ・W・ブッシュ大統領は、北朝鮮をイラン、イラクと並んで「悪の枢軸」と名指しし、対イラク開戦の動きが高まる中、朝鮮半島も緊張に包まれていた。

KEDOに関しては、北朝鮮労働者の賃上げ要求をめぐり北朝鮮労働者が現場から引き揚げ、代わりにウズベキスタンの労働者が投入される事態が発生し、北朝鮮側から軽水炉建設遅延に対する補償が要求されたが、作業はそれなりに進捗し、二〇〇二年八月には現場でコンクリートを注入する儀式も行われる。この時点では琴湖の用地で、約一五〇〇名の技術者や労働者が働いていたのである。

しかし同年一〇月、ジェイムズ・ケリー大統領特使（東アジア・太平洋担当米国務次官補）が北朝鮮を訪問し、姜錫柱第一次官との会談でインテリジェンスにより摑んでいた北朝鮮の秘密ウラン高濃縮計画に言及する。これを北朝鮮側が認めたことから、米朝「合意された枠組み」とKEDOは坂道を転げ落ちるように大きく変化する。

ワシントンのいわゆるネオコン達は「とうとう尻尾を捕まえた」と興奮したであろう。ブッシュ政権はもともと、クリントン政権が作ったKEDOを好ましく思っておらず、北朝鮮の「自白」はこれを潰す格好の材料となった。同年一一月、米国の意向を踏まえ、KEDO理事会は北朝鮮への重油の供給を一二月以降停止することを決定する。そして、北朝鮮がウラン濃縮計画を完全に撤廃するために具体的かつ信頼できる行動を取らない限り、将来の重油供給を行わないことを明らかにした。

これに対して北朝鮮は、一二月には黒鉛減速炉をはじめとする核関連施設の封印を除去し、IAEAの査察官を国外退去させる。そして翌二〇〇三年一月、NTPからの脱退を宣言した。こうなれば負の連鎖である。状況はさらに悪化し、二〇〇三年一一月、KEDOの本体事業である軽水炉建設事業を一年間停止することが決定された。

この時点で軽水炉プロジェクトは三四・五%完成し、年末にはサイトに三〇八名が勤務している。[7] 親北朝鮮路線を取る盧武鉉政権下の韓国政府は、KEDOを終了させることに躊躇し、消極的であった。当時、KEDOの事務局長を務めていたチャールズ・カートマン（クリントン政権の国務省朝鮮半島和平協議担当特使）やその下で北朝鮮との交渉に当たったロバート・カーリン（元国務省情報調査局北東アジア課主任）も同じ気持ちであったろう。ＫＥＤＯ事務局は北朝鮮との関係悪化を避けるため種々の話し合いを行い、軽水炉事業の保全・維持のための措置を講じていた。

しかし事態は悪化の一途をたどる。二〇〇五年二月、北朝鮮が核兵器保有宣言を行い、軽水炉事業を継続するための基礎が完全に失われたと判断される状況に至る。今やＫＥＤＯ事務局の使命は、現場に残っている労働者を安全に退避させ、ＫＥＤＯの資産を保全・維持することに絞られ、そのための協議が北朝鮮との間で続けられた。

同年一一月、軽水炉事業を「終了」すべきであるとの基本方針が理事会のメンバーの間で共有され、事業終了をめぐる法的、財政的諸問題についての議論を続けることで合意する。

この理事会の結論が一二月にＫＥＤＯ事務局から北朝鮮当局に伝えられると、先方は三〇日以内にＫＥＤＯの職員および労働者はサイトから撤退するよう求めた。現場にある建材や車両を持ち帰ろうとするＫＥＤＯの要求を、北朝鮮側は拒絶する。二〇〇六年一月八日、慌ただしい中でＫＥＤＯは建設現場からすべての労働者の撤収を完了した。

一方で、ＫＥＤＯ事務局と理事会メンバーの間では事業の清算方法、北朝鮮への損失を請求する問題、ＫＥＤＯ事務局を法的にいつまで存続させるのかなどにつき、話し合いが続けられていた。その結果、同年五月のＫＥＤＯ理事会において軽水炉事業の「終了」を正式に決定した。この決定は、北朝鮮が「供給取極」で求められた一連の措置を取ることを継続して怠ったことによりなされたものである。ここで米朝間の「合意された枠組み」を受け、一九九五年三月から開始された軽水炉事業は一〇年余りでその幕を閉じることとなった。

この間、日米韓EUを中心とする関係国からKEDOに対する財政貢献は、軽水炉事業、重油供給事業、事務局経費に関するものを含め、総計約二五億一三四八万ドルにのぼった。このうち日本からの貢献額は四億九八四九万ドル（一ドル一〇〇円で計算すれば、四九八億四九〇〇万円）で、韓国に次いで全体の一九・五%を占める。[8]

この中のすべてではないが、軽水炉事業にかかる融資については各国ともKEDOに対し、返済を受ける権利を有している。KEDOから各国への返済は軽水炉完成後、北朝鮮からKEDOへの返済を原資とすることとなっている。KEDOは北朝鮮に対し、北朝鮮側の供給協定違反の結果として軽水炉事業が終了を余儀なくされたことから、KEDOが被った金銭的な損失の全額支払いを累次にわたって要求しているが、遺憾ながら北朝鮮側はこれを拒否している。

†教訓は何か

約一〇年間にわたり、総額二五億ドル以上を重油供給と軽水炉建設に投入してきたKEDOの事業は北朝鮮側の行為により崩壊した。その間、濃縮ウラン疑惑を別にすれば黒鉛減速炉を使った北朝鮮側による核兵器開発計画を凍結し、遅延させることには貢献した。日米韓の三カ国は財政面のみならず、知的、人的貢献を行いながら困難な内部調整と北朝鮮との交渉を乗り切り、事業を推進したが、結果的にこの共同事業は道半ばで頓挫する。その理由、背景には何があったのであろうか？　我々が学んだ教訓とは何か？　将来、軽水炉支援が再浮上してくる可能性は排除できないが、その際、ＫＥＤＯの経験と教訓をどう生かしていくべきであろうか。

第一に、ＫＥＤＯ理事会メンバーのどの国・地域も、北朝鮮と外交関係を有していなかったということに私たちは留意する必要がある。[9]ＫＥＤＯの経験から、外交関係のない国と具体的な事業を進めることは非常に困難である。信頼関係が希薄な状態で政治的な問題が生じたとき、これを解決する外交的なチャンネルが存在しない。この事業の最終段階では、主要な原子力部品が北朝鮮に納入されることになっていた。その前に原子力協力協定が米朝間で締結される必要があったと思われるが、果たしてそんなことは可能であっただろうか。

したがって将来、仮に類似の事業が北朝鮮との間で行われる場合、国際コンソーシアムの主要メンバーの少なくとも一カ国が北朝鮮と外交関係を持つか、あるいは中国、ロシアといったすでに外交関係を有している国を主要メンバーに加えることが賢明であろう。この関連で、六者協議の枠組みは将来、類似のコンソーシアムの基礎を提供し得る。

次に、なぜ「軽水炉」でなくてはいけないのかということである。一般的に、原子力の平和利用のための国際協力は、外交関係を有している国との間でも微妙で困難な作業である。ましてや前述の通り、外交関係がない国との間でかかる事業を行うことには大きな困難が伴う。北朝鮮は長い間一貫して「軽水炉」に固執しており、二〇〇五年九月一九日付の六者協議「共同声明」にも「軽水炉」への言及がある。しかし将来、北朝鮮との間でエネルギー協力を推進することとなった場合には、「軽水炉」ではなく伝統的あるいは原子力を使わない省エネ型のエネルギー協力を模索することが安全かつ現実的である。

日本について言えば将来、北朝鮮に対して「軽水炉」を提供する国際事業団に参加することは考えがたい。昨今の北朝鮮に対する否定的な世論は言うまでもないが、拉致問題を含めた懸案がすべて解決したとしても、今回の結末をそう簡単に忘れるべきではない。

三点目として今後、KEDOと類似した組織を作って新たな事業を始める場合、主要参加国のすべてが当該プロジェクトの経費を適切に負担し合うことが不可欠である。KEDOの場合、米国は主に重油供給の責任を取るだけで、軽水炉は日韓に任せて一切経費を負担しようとしなかった。その背景には米議会の軽水炉プロジェクトに対する強い拒否感があり、米国内でKEDOは「政治的孤児」になっていたのである。[10]

もちろん「作業の分担」は理解できるが、もし特定の主要メンバーがある事業の経費をまったく負担しなければ、他のメンバーは当該事業を真剣に推進し、資金手当てを探すことに興味を失い、さらには組織の団結が阻害されてしまう。これはＫＥＤＯで実際に起こったことである。ＫＥＤＯでは日米韓の各国が程度の差こそあれ、軽水炉事業にも重油供給事業にも資金を提供すべきであったと思う。

四点目に、これはすでに言及したことであるが、ＫＥＤＯは北朝鮮との間で八つの「議定書」を締結した。これらの「議定書」が提供した基礎と精神は、今後も北朝鮮との間で何らかの事業を進める際に活用すべきであろう。韓国が進めてきた金剛山観光事業や開城工業団地事業では、これらの「議定書」の一部が参考とされたと言われる。

最後に少し技術的な点であるが、将来、何らかの事業を北朝鮮と進めるにあたって主契約者の選定が必要となる場合、経費合理化などの観点から随意契約方式ではなく、競争入札の要素を取り入れ、複数の企業で競わせることが望ましい。

ともかくＫＥＤＯは、同盟国・友好国たる日米韓が核になって共同で敵対国である北朝鮮で事業を行う初めての試みであった。その教訓は否定的な面だけではなく、肯定的な面もある。大切なことは時代の流れや政権の違い、政策責任者・担当者の交代を問わず、似たような事業を共同で行う場合、この一〇年間の重要な経験と教訓を忘れずに留め、生かしていくということである。相手は一貫していて、ブレがないことを忘れてはならない。

〔1〕しかし同年一〇月二一日、日本政府は官房長官発表をもってKEDOへの協力再開を決定した。我が国はKEDOが北朝鮮の核兵器開発を阻む最も現実的かつ効果的な枠組みであること、北朝鮮によるミサイル発射を受けて我が国が取った対応は一定の効果をあげつつあること、北朝鮮への対応にあたっては引き続き、日米韓の連携が極めて重要であることなどに鑑み、KEDOへの協力を再開し、経費負担問題に関する理事会決議案に署名した。

〔2〕梅津至「朝鮮半島エネルギー開発機構（KEDO）の活動と今後の課題」『国際問題』一九九六年四月号、二三頁参照。

〔3〕一九九六年二月、日本は、重油の資金手当てなどのためにKEDOが直面する流動性の危機に緊急に対応するための手段としてKEDOに特別の基金を設け、この基金に一九〇〇万ドルを拠出した。KEDOはこの基金を担保に金融機関から資金を借り入れることができたので、米韓両国および事務局から高く評価された。

〔4〕この見積もり額は、九七年末来のアジア通貨危機を背景とするウォン貨の大幅な下落等を踏まえ、結局は四六億ドルに圧縮された。

〔5〕二〇〇八年七月一〇日、ソウルにて米コロンビア大学とソウル大学の共催で行われた「KEDOから学ぶ教訓」に関するセミナーにおける、ボズワース元KEDO事務局長の発言。

〔6〕凍結の対象となっている黒鉛減速炉が存在する寧辺の北西の金昌里に、巨大な地下施設が存在することが米国の衛星写真などで明らかになり、北朝鮮が秘密裏に核開発を進めているのではないかという疑惑が九八年秋に急浮上した。その後、数回にわたり米朝協議が行われた結果、九九年五月、米国側により同疑惑施設の訪問が実現し、同六月に米政府はその結果を公表した。これをもって、この施設の疑惑は解消された。

〔7〕KEDO "Annual Report 2003" http://www.kedo.org/annual_reports.asp

〔8〕出典、KEDO "Annual Report 2005" 韓国の貢献実績は約一四億五四六五万ドル（全体の五七・九%）で一位、二位の日本に続いて米国が約四億一〇六万ドル（同一六・一%）、EUが約一億二二三八万ドル（同四・九%）という順になっている。

〔9〕欧州委員会は二〇〇一年五月に北朝鮮と外交関係を樹立している。

〔10〕前出のセミナーでボズワース元KEDO事務局長は「一九九四年一〇月、米朝間で「合意された枠組み」が成立した直後に中間選挙があった。議員達は、米行政府が北朝鮮の脅しに屈したと受け止め当惑した。そのときからKEDOは米国内で政治的孤児になった」と述べている。また、同じセミナーでカートマン氏（当時東アジア・大洋州担当国務次官補代理）は「一九九六年、自分が次官補代理のとき、国務長官からは何らの指示もなく、ワシントンは自動航行のモードであった。重要な仕事は重油確保のための資金確保であり、それ以外は何の指示もなかった」と語っている。

第五章

第一次核危機後の日朝関係
——九〇年代後半

平壌市内(1998年)

†政党主導の食糧支援

一九九三年から一九九四年にかけての核危機と一九九四年七月の金日成逝去を経て、北朝鮮は対米重視に舵を切り、米国と関係を改善しさえすれば日韓は後で付いてくるという考え方を基本に置いていたと思われる。事実、この時期の朝鮮半島情勢は米朝関係を軸に動き、北朝鮮と日本、韓国との関係は低調であった。南北関係については金泳三政権（一九九三年二月～一九九八年二月）の対北朝鮮強硬姿勢を反映し、どちらかと言えば緊張・対立関係が基調である。同政権は米朝関係や日朝関係の進展にブレーキをかけることがしばしばあり、私たちも韓国との関係には気を遣った。

しかし九五年夏、北朝鮮では豪雨による洪水被害が発生し、日韓を含め広く国際社会に支援を求めざるを得ない状況に陥っていた。北朝鮮の関係者によると、同年七月三〇日から八月一八日までの間に一日五八三ミリの豪雨が続き、ある地域では一～二時間の間に六〇〇ミリの集中豪雨があった。全国八道、一四五の市郡で被害が発生し、五二〇万人の被災民、一五〇億ドル以上の経済的損失が発生する。また前年、九四年一〇月には黄海南北道で一七万ヘクタールが雹による被害を受けたという[1]。

この水害が伝えられる以前から日朝間では、政府および党次元で非公式な接触が行われる。

当時政府・与党の一部ではミニマムアクセス米として輸入したコメの在庫が溜まり、この処理に苦労していたと言われる。自民党の加藤紘一政調会長は、このような状況と日朝国交正常化交渉の再開を結びつけ、「北朝鮮の食糧事情は深刻だ。日本からコメを送れば、輸入米が余って困っている農林族も助かる。しかも農林族は党内の右派とほぼ重なるから、訪朝団を派遣する際、党内の抑えがきく」といった趣旨の見解を、党内の要路に語ったとされる[2]。

こうして一九九五年三月、渡辺美智雄議員を団長とする自民党、社会党、新党さきがけからなる連立与党訪朝団が平壌を訪問し、金容淳朝鮮労働党書記との間で「日朝会談再開のための合意書」に署名する。渡辺団長以下、自民党の代表団と新党さきがけはとかく批判の多かった一九九〇年の「三党共同宣言」の再確認を避けることを重視し、「決裂も辞さない」という強い態度で臨んだ。「合意書」ではこの点につき「……歴史的な三党共同宣言を採択した」とし、歴史的事実を客観的に言及するに留めた。

一方で四党は、「……国交正常化のための会談には、いかなる前提条件もないこと、そして、徹底して関係改善のためのものであるべきだと認める」、「両国間の会談が徹底的に自主的で、かつ独自の立場で行われるべきであることを確認する」と記している。この部分は、日本は日朝国交正常化に関係のない「李恩恵問題」や「南北関係」を前提条件とせず、かつ米国や韓国の視線を気にせずに自主的に交渉すべきであるとし、北朝鮮がこれまで強調してきた主張と軌を一にしているとも解釈できる。

いずれにせよ、「この合意書に基づいて、四党は、日朝両国政府が国交正常化のために、あらためて第九回会談を速やかに行うことを勧告することにした」と結んでいる。これをもって、九二年以来中断していた日朝国交正常化交渉再開の道筋が示される。しかし、核問題が米朝間の「合意された枠組み」とKEDOの設立により解決の方途が示された他は、「李恩恵問題」にせよ南北関係にせよ、諸懸案は九二年末の時点と同様に残ったままであり、交渉の再開は容易ではなかった。

なおこの渡辺訪朝の際には、北朝鮮側からコメ支援の話は一切出なかったとされる。

しかしその後、あまり間をおかず、九五年五月に北朝鮮側から日本側に対し、コメ支援を要請してくる。翌六月、李種革《リジョンヒョク》アジア太平洋平和委員会副委員長を団長とする代表団が来日し、外務省の川島裕アジア局長および食糧庁の上野博史長官と会談を行った。一時、北朝鮮側が一〇〇万トンのコメ支援を要求したり、無償・有償をめぐる混乱があったりしたが、協議の結果、日本側は在庫緊急輸入米が活用できる状況にあることに基づき、人道的な観点から支援を進めていくこととした。具体的には延払い輸出で一五万トン、日本赤十字社から朝鮮赤十字社へ無償で一五万トンで、計三〇万トンの支援を行うことを確認する。

またその際、必要に応じ、在庫緊急輸入米の在庫の範囲内で追加的に延払い輸出を行うために協議する用意があると合意していたことから、一〇月に追加支援としてさらに二〇万トンを延払い輸出することが確認された。[3] これをもって北朝鮮に対する日本のコメ支援は合計五〇万トンとなった。

この巨大なコメ支援は終始、与党の主導で行われる。[4] 外務省は一九九〇年の金丸訪朝の際、国交正常化前の支援を実現するようにとの北朝鮮側・政党側の圧力に徹底的に抵抗し、これを断念させた経緯がある。しかし九五年の時点では政府ベースの無償資金協力を避けるため、赤十字を通じた無償供与とすることが精一杯であった。また外務省は、支援米が民生用消費のために適正に使用されるとの保証を北朝鮮から取り付け、コメが軍事目的に転用されないよう最善を尽くす。

政府の基本的立場は、日本の北朝鮮に対する経済協力は国交正常化交渉の妥結が前提となるという方針で変わりはない。これら北朝鮮に対するコメ支援および洪水支援は、人道上の観点等の大局的見地からあくまで特殊・例外的な措置として行ったものであった。[5]

†まずは日本人配偶者の里帰りを実現

前述の通り日本は、一九九五年に計五〇万トンのコメを北朝鮮に支援しただけでなく、九六年六月、国連人道問題局が発出した総額四三六〇万ドルの緊急人道支援アピールに対し、緊急・人道支援という立場から食糧一・五万トンと医薬品（計六〇〇万ドル）を国際機関を通じて供与した。

これに対し北朝鮮側からは何の見返りもなく、国交正常化交渉再開の動きも見られない。なぜであろうか。当時は親北朝鮮の村山内閣（一九九四年六月〜九六年一月）であり、核問題が解決に向けて軌道に乗った時期でもあったことから、正常化交渉を進めやすい環境にあったはずである。

まず北朝鮮側は日本の足元をよく見ていて、コメ支援は余剰輸入米を処分したい日本側の事情で行われたものであり、感謝する必要はないと考えていた。そうであれば、見返りとして北朝鮮側から譲歩する必要もない。金容淳はインタビュー記事の中で「日本は朝日関係正常化問題を解決し、朝鮮に対する彼らの過去を謝罪するという次元で「コメを送る」と言い続けてきた。……我々は飢饉のためにコメ交易をしているのではない。わが国は衣食住問題を基本的に解決している」と述べ、日本側の強い反発を買う。[6]

この関連で、金日成が生前「日本には高圧的姿勢で臨むべきである」と指導し、金正日もこれを忠実に守っているという話がある。食糧援助についても「日本には物乞いするな。米韓が支援すれば日本はついてくる」と言われているらしい。

第二に韓国政府による強い警戒感、牽制がある。金泳三政権にしてみれば、北朝鮮が韓国を迂回して日本だけから食糧援助を受けたり、日朝交渉が進められたりすることに我慢がならなかった。「合意された枠組み」やKEDOが米国中心で進められたことへの反発が韓国内で強い。これに加え、南北関係が進んでいないのに日朝関係が進展すれば、金泳三政権は国内的に厳しい立場に立たされる。日本が第一回目の三〇万トンのコメ支援を決めた九五年六月には、韓国も北朝鮮との間で一五万トンの無償コメ支援を行うことで合意した。が、第二回目の二〇万トンの支援を決めた一〇月には南北の対話が決裂し、韓国政府は日本の決定に反発する。また、九六年九月には北朝鮮の潜水艦侵入事件が発生し、南北関係は極度に緊張したため、日朝関係を進める環境にはなかったと思われる。

第三に、したたかな北朝鮮にこちらの譲歩をただ取りされることなく、相応の対応や譲歩を引き出すためには、政府次元の粘り強い交渉と具体的な段取りについての合意が必要である。たとえば日本側から〇〇万トンのコメを支援すれば、日本人配偶者〇〇名の里帰りを認めるといった類の事前の取り決めである。一九九五年の連立与党代表団による訪朝やその後のコメ支援は政治主導で行われたため、このあたりのきめの細かい段取りが不足していたのではなかろうか。

さらに付け加えれば、この時点では日朝国交正常化の再開を支持する国内的な関心や世論が不足していたのかもしれない。この時期は金日成死後の後継体制が発表されず、この国がどこに向かっていくのかわからず、そのうち崩壊するのではないかという観測まで国際社会の一部にはあった。日本側としては国交正常化を急ぐ理由は特にない。「李恩恵問題」や「日本人配偶者里帰り問題」を除いて、至急解決すべき懸案もなかったのである。

一方で、課長級の非公式協議が北京で続けられていた。そして一九九七年八月、北京で槙田邦彦アジア局審議官と金煉吉《キムヨンギル》外務省一四局研究員との間で審議官級予備会談が開催される。日朝国交正常化交渉を早期に再開するとともに、日朝双方の赤十字社が連絡協議会を設置し、日本人配偶者の故郷訪問の早期実現および北朝鮮内の日本人の安否調査などにつき、緊密に協力していくことで意見の一致を見た。

「李恩恵問題」など人道的問題を日朝正常化交渉の場で扱うことを拒否してきた北朝鮮であったが、これらの問題を赤十字同士の会談で協議することにし、その場に外務省が同席することを確保したことに意味があった。

これを受けて、九七年九月に開催された第一回日朝赤十字連絡協議会における協議と合意を経て、一一月、第一回目の日本人配偶者一五名による故郷訪問が実現する。これに先立ち一〇月、日本政府は国連・国際社会のアピールを受け、コメ六・七万トン（二七〇〇万ドル）および医薬品（九四〇〇万円）を国際機関等を通じて北朝鮮供与することを決定した。日本人配偶者についてはいわゆる森訪朝団を挟み、九八年一月に第二回目の故郷訪問が実現している。

このように人道問題で具体的な成果(北朝鮮側の譲歩)が得られた理由の一つとして、日本政府・外務省実務当局主導による粘り強い交渉の積み重ねと、北朝鮮との間で具体的段取りを付けたことが挙げられる。それも北朝鮮側に、成果と合意を得ようという強い意志があったからこそ可能となった。

北朝鮮側がそのように合意に積極的となった背景としては、極度の食糧難に対応するため日本からの食糧支援を取り付ける必要があったこと、[7]および九七年から急浮上した拉致疑惑により悪化した日本の世論をなだめる必要があったことなどが考えられる。いつものことながら、北朝鮮の政策決定に関する真相は不明である。

一九九七年一一月、森喜朗自民党総務会長を団長とする自民党、社会民主党、新党さきがけからなる与党三党代表団が訪朝し、金容淳書記と会談した。このとき自民党は、拉致疑惑をめぐる厳しい国内世論を背景に「拉致が盛り込まれない北朝鮮との合意はできない」と腹を決めて臨む。[8]「警察白書」で取り上げられている「七件一〇名」の一件一件につき説明し、資料を渡して「解決策を見出してほしい」と強く迫る。これに対し、金容淳は、「でっち上げだ。ありもしない拉致問題の前に、日本は従軍慰安婦などへの対応を示すべきだ」と述べ、日本側を失望させる。

最後の最後で金容淳書記は「一般行方不明者ならどこの国にもいる。拉致疑惑はわが国と関係はないが、調査を行う」と述べ、与党側の主張に配慮した。一方で北朝鮮側は日本からの食糧援助に期待感を示し、代表団を被災地域に案内する。日本側は食糧支援について、国際機関の要請があれば前向きに進めるよう政府に働きかける意向を示した。

†崩壊の始まり？——何が起こっているのか

一九九四年七月に金日成が死去してからの数年間は、金正日が最も苦しい時期だったのではなかろうか。その間、金正日は服喪の期間を過ごしている。今年こそ総書記あるいは主席（国家元首）に就任するのではないかという憶測がなされたが、一向に表に出てこない。北朝鮮は金日成の教えを忠実に守る、いわゆる「遺訓統治」を前面に立てていたのだ。

一方で国家活動のあらゆる面で軍の関与が強化され、国家として軍への依存度が増大しており、党の比重が低下したのではないかという指摘がなされていた。そのような軍重視・軍優先の考え方は「先軍政治」というスローガンが登場することにより徹底される。一部では金正日自身が軍への依存を高めざるを得ず、軍への統制が十分になされていないのではないかといった疑問も出始めた。

その背景にあったのが経済難、食糧難、餓死者の続出、そして社会的な混乱と腐敗・不正の横行である。

北朝鮮経済は一九九〇年以降、マイナス成長を続け、韓国銀行の推計によれば九五年、九六年、九七年の経済成長率は各マイナス四・一%、マイナス三・六%、マイナス六・三%と悪化し、九八年の国民所得は九〇年の半分近くにまで減少してしまう。[9] 対外貿易は社会主義圏の崩壊に伴い、一九九〇年には四一・八三億ドルあった貿易額が九八年にはその半分以下の一六・六四億ドルにまで落ち込む。エネルギー、原料不足により工場の稼働率は二〇%程度に過ぎないといった情報が伝えられてきた。

そもそも北朝鮮では有意な統計的数値がほとんど発表されてこなかった。少ない中で重要な指標であった国家の財政収支にかかる数値が、九五年から九七年までの三年間は発表されていない。このことを取ってもこの時期の北朝鮮は暗く、かなり混乱していたことが読み取れる。

北朝鮮経済の悪化は、社会主義圏の崩壊を契機とした海外市場の喪失と友好国からの支援の激減が主な要因と言われることがあるが、社会主義経済体制に内在する諸問題がすでに一九七〇年代から顕在化していた。これに追い打ちをかけたのが九五年、九六年と続いた大規模な水害と九七年の大干ばつおよび高潮による被害である。山や丘の森林伐採・斜面耕作が行き過ぎ、養土および保水能力が失われているため、降れば洪水、降らなければ干ばつという極端な振り子状態になっている。[10]

この時期の食糧難により人口約二〇〇〇万人のうち約三〇〇万人が餓死したとの見方もあったが、実際の餓死者は一〇〇万人程度ではないかと言われている。[11] それにしても大変な数である。FAO／WFPの推計によれば、九六年秋と九七年秋の穀物生産量は各二八三万トンと近年では最低の水準にまで落ち込み、必要最低限と言われる五〇〇万トンの需要に大きく満たない。

北朝鮮が誇った食糧配給制度は事実上崩壊し、人々は食料を求めて国土をさまよい歩いた。闇市が横行し、それに伴って規律が弛緩し、不正や腐敗が蔓延する。国外脱出を試みる北朝鮮国民が急増したのもこの時期である。このような状況において国家としての最低限の規律を維持するには、金正日としても軍隊に頼らざるを得なかったのであろう。

米国の一部では、北朝鮮の崩壊は時間の問題であるという見方が出てきた。権力の継承がうまくいっていないかもしれない。そうでなくてもこの飢餓と経済難が続けば、そう長くは持たない。そう考える人が出てきた。しかし多くの日本人、特に第二次世界大戦の食糧難を経験した人達は「これぐらいの食糧難で国が滅びることはない」とし、北朝鮮は近く崩壊するという希望的観測を基に政策を立て、進めるのは間違っていると考えた。

実際、日本人の判断が正しいことが間もなく証明される。金正日は一九九七年一〇月、総書記に就任する。そして翌九八年九月、国会に当たる最高人民会議が招集され、そこで憲法が改正され、今や国家最高位となった国防委員長に再任される。金正日はこれにより、名実ともに北朝鮮の最高指導者となった。彼は一九七〇年代の前半から後継者に指名され、長い期間をかけて着々と実権を固めてきたため、父親が亡くなっても大きな影響はなかったのであろう。

九四年から九七年にかけての経済難、食糧難、社会不安は金正日に大きな試練を与え、彼はそれを乗り切ったのである。

†四度目の訪朝——惨状を目撃

このように北朝鮮が建国以来の困難に直面していた一九九八年三月、中山正暉衆議院議員を団長とする自民党訪朝団が北朝鮮を訪問した。その目的は、食糧不足が深刻化している北朝鮮の実態を調査すること、日本国内で関心が高まっていた拉致問題解決の糸口を探ることである。中山議員は九七年四月に発足した「北朝鮮拉致疑惑日本人救援議員連盟」の会長であり、同年一一月の森訪朝団の一員として拉致問題の解決を北朝鮮側に粘り強く迫った経緯がある。

訪朝団に同行して北朝鮮を訪問するのは一九九一年七月以来、実に六年八カ月ぶりである。一行を乗せた全日空機は成田から北京に到着し、その日のうちに平壌入りした。夜、私たちは市内にある招待所「酒岩山」に案内された。

金日成主席が亡くなってから初めての訪問である。我々一行は北朝鮮側の勧めにより、翌日、主席の遺体が安置されている錦繡山記念宮殿を訪問する。市内の一角から宮殿まで新しく路面電車が敷設され、次から次へと参拝に訪れる人民を溢れんばかりに乗せて行き来している。宮殿の中は荘厳かつ厳粛で、生前、金日成が使用したベンツなどが展示されている。科学的に処理された遺体に一礼すると、時代は金正日の時代に変わったのだということを痛感する。

被災地への現場視察が始まった。まず訪問したのは、平壌から南に二時間ほど車で行った農村地帯である。一行を乗せた車は、板門店に向かう立派な高速道路をかなりの速度で南下する。すれ違う車はほとんどなく、ときどき故障したトラックが立ち往生している。そして、荷物を担いだ人たちが路肩を行き来しているのが目に付く。買い出しのため、人民が徒歩で都市と農村を行き来しているのだ。終戦直後の日本にもそのような風景がよく見られたという。

途中、左右の丘陵には草木の一本もなく、赤茶けた土が不気味にひび割れて口を開けている。燃料にするため木も草も刈り取ってしまう一方で、丘も山も耕して畑にしようとする。だから大雨が降れば、保水能力を失った山河はひとたまりもなく崩れる。そういう悪循環が車窓から見てとれる。

車が黄海北道の大都市である沙里院に入ると、目を見張った。多くのコンクリートの建物は廃墟のようで、町に色彩がない。セピア色の古い写真を見ているようである。その街中を大勢の灰色の服を着た人たちが、まるで何の目的もないように動き回っている。少なからず衝撃を受けた。

私たち一行はそこからしばらく南に下った「銀波郡」のある農村に降り立った。一昨年の水害で村の中を流れる河川が決壊し、大きな被害が出たという。確かに橋が崩れ、護岸が崩れている。広大な耕作地にはトウモロコシの小さな芽が出ていた。ここに限らず、農村はあまりにも貧しく、窓にガラスが入った家などほとんどない。ビニールで窓をふさいであればいい方である。

昨年一〇月に日本が供与を決定した六・七万トンのコメは今、搬入が続いている。北朝鮮側はこれに感謝の意を表し、日本の援助は幼稚園と託児所に配布しているとの説明があった。援助米が貯蔵してある場所を視察する。訪朝団の一員が代表して現地の幼稚園、託児所の児童と先生に援助物資を手渡す。我々の援助が本当に食料を必要としている弱者や子供に届いてほしい。そう願った瞬間であった。

車に乗り込み、地方から平壌に向かう。やがて大きな建物群が目に入り、どんどん大きくなってくる。素晴らしい大都会で、田舎からだと楽園に来たように思ってしまう。それほど地方と首都との格差は大きい。

次に訪れたのは平壌から西方の海岸沿いにある農村地帯で、「文徳」という村である。海沿いにかなりの高さの堤防があるが、九七年に高潮がこれを超えて農地に流れ込み、農作物が塩水に浸かり大きな被害が出たという。眼前に荒れた農地が広がっている。素人目にはわからないが、同行した農業の専門家によると密植と化学肥料の投入のし過ぎで土地が疲弊し、生産性が落ちているということである。

水害対策委員会の責任者が近年の自然災害について懸命に説明している。九五年の水害に続いて九六年七月下旬、平壌、平安南道、黄海南北道で一日四七五〜七三〇ミリの大雨が降り、大きな被害が出た。その結果、穀物収穫は二五〇万二〇〇〇トンに留まった。また、九七年は六一年ぶりの大干ばつに見舞われた。干ばつは六月から七月にかけて約六〇日間続き、三二度から三七度に及ぶ高温現象が発生した。これによって約四六万ヘクタールの耕地が被害を受けた。

さらに八月には高潮の被害が出た。満潮と台風一三号が重なり、四メートル以上の高潮が発生した。西海岸で九一ヵ所の防波堤が破壊され、一〇万ヘクタール以上の耕地と塩田が被害を受けた。その現場に私たちはいる。昨年の穀物生産は精米計算で二一四万八〇〇〇トンに過ぎず、三月中旬までに在庫がゼロになると彼らは窮状を訴えた。

通常農民は年二六〇キログラム、大人は一日七〇〇グラムの食糧配給を受けているが、この一月からはまともに配給できていない。

一方で北朝鮮側は「被害は異常気象によるものであり、幹部の指導の下、治山、治水、灌漑はうまくいっている。これが駄目で被害を受けているのではない」と言い張る。専門家の目から見ると、問題は異常気象だけではなく構造的なものでもある。政策、指導、構造が悪いと認めれば指導者批判につながるから言えないのであろう。

招待所で朝食をとっているとき、一行のひとりが「なんか、キムチの色が薄いな」とつぶやくと、給仕をしていた案内員の女性が次のように説明する。「主席はかねてより、辛いキムチを食べると健康によくないので、あえて辛さを抑えたキムチを摂るよう指導されておりました」。また、別の一員が「このご飯は美味しい。お代わりをください」と言ったがお代わりはなく、案内員は「ご飯はもうありません」と答えた。

拉致問題の解決に向けた糸口を探ることも、この訪朝団の目的である。現場視察の後、訪朝団が金容淳書記と会談する機会があった。その場である団員はかなりはっきりと問題提起した。「横田めぐみさんのご両親を含め、拉致被害者と認定されている七件一〇名のご家族がこれだけ困っているのに、そのことを無視してなぜ人道主義で援助しなくてはいけないのかという国民の厳しい声がある。昨日、一昨日と被害の現場を見てお手伝いしたい気持ちで一杯だが、この問題の解決なくしてはそれもできない。この実情を金正日さんによく伝えて頂き、親の気持ちもよく伝えて頂き、一日も早く解決してほしい」。

これに対して金容淳は「棘の出所がどこか一緒に議論していきましょう」と述べ、拉致問題が韓国の情報当局によるでっち上げであることを示唆する。それでも行方不明者、よど号の問題、日本人配偶者の故郷訪問について良好に解決していきたいと語った。

一方で中山団長はよど号の犯人と会い、彼らの帰国を促していた。中山議員としては拉致問題を解決するため、まずはよど号の犯人の帰国を実現させる。その後、国交正常化に向けた準備事務所を平壌に設置する。そういったことを通じて、日朝間での情報共有や交流が進んでいく過程で拉致被害者の帰国が実現することを期待していたようである。金容淳はよど号の犯人について「彼らの希望が確認できれば帰国は可能」と答えたが、当の本人たちは帰国には消極的であった。

なお、この訪朝団には寺越友枝さんも同行した。中学生のとき、叔父と一緒に漁に出たまま行方不明となっていた寺越武志さんの母親である。武志さんは平壌で党の幹部として暮らしていた。市内の広いアパートの一室で妻、子供と生活している武志さんを母親は訪ね、親子は再会を果たした。

日本人配偶者の故郷訪問や武志さん親子の再会を認めるとともに、拉致被害者は行方不明者として調査する。日本の人道問題に配慮しながら、自らの人道問題である「食糧支援」を日本から得る。このような人道問題に関する日朝間のギブ・アンド・テイクが当時の北朝鮮の方針だったのである。

†無関心から敵対へ——拉致問題・テポドン発射・不審船

前述の通り、一九九〇年代中盤まで日本国民の北朝鮮に対する関心はさほど高くなかった。無関心が支配するなか、あるときは一部政党や政治家が、あるいは外務省が関心を持ち、国交正常化交渉を進めたり人道支援を供与したりしてきた。その裏には常に北朝鮮側の働きかけもあった。

ところが一九九七年以降、北朝鮮に対する日本の関心は高まり、否定的な世論が高まる。代表的な動きとして一九九七年の拉致問題の浮上、一九九八年のテポドン・ミサイルの発射、一九九九年の不審船の出現が挙げられる。これらはいずれも北朝鮮による行為がきっかけとなり、同国に対する世論を悪化させた。

拉致問題とは、一九七〇年代後半に日本海沿岸や鹿児島県の海岸で日本人が相次いで行方不明になった事件である。すでに述べた通り、一九八八年に国会で取り上げられたこともあり、当時すでに北朝鮮による拉致の疑いが出てきていたが、日本国内の関心は低かった。拉致問題が一挙に国民の関心を集めるようになるのは、九七年初めに実名で横田めぐみさんの拉致疑惑がマスコミに報じられるようになってからである。[12] その背景には当時、北朝鮮からの亡命者が急増し、拉致問題に関する情報が彼らの口から漏れ伝わってきたということがある。

高まる世論の関心を受け、いわゆる家族会、拉致議連、救う会といった被害者家族組織・支援団体が次々と設立される。これまで一部の保守系新聞や雑誌が取り上げてきたに過ぎないこの問題が、全国的な広がりを持ち始める。そして政府は九七年五月、七件一〇名を拉致被害者として認定するに至った。[13] この頃から、日朝関係を重視する政治家に対して拉致問題に弱腰で北朝鮮に甘いとの批判が強まり、北朝鮮に対する一方的な人道支援は許さないという世論が高まっていく。政府、外務省もこのような厳しい世論の中で、対北朝鮮外交の再調整を強いられていく。

日本国民の北朝鮮に対する認識を徹底的に悪化させたのは、九八年八月三一日正午頃に発射されたテポドン・ミサイルであった。ミサイルの一段目は日本海に落下し、日本列島を飛び越えて二段目が三陸の遥か沖に落下し、弾頭はさらに遠くまで飛んだ。ミサイルが国土に落ちる可能性もあったことを知った国民の怒りは心頭に達する。北朝鮮は人工衛星の発射であると弁明したが、そんなことを信じる者は誰もいない。

同日夜、日本政府は「極めて遺憾であり、北朝鮮の行為に対して厳重抗議する」との官房長官コメントを発表する。そして翌九月一日、国交正常化交渉の開催、食糧等の支援およびKEDOの進行をそれぞれ見合わせる、日朝間のチャーター便の運航許可を取り消し、その後の運航も不許可とするなどの制裁措置を発表した。合わせて日本独自の情報収集能力を高める方策を検討すること、弾道ミサイル防衛システムの技術研究を引き続き検討し、「日米防衛協力のための指針」（ガイドライン）関連法案などの早期成立・承認を期待することを発表した。

北朝鮮による挑発はさらに続く。九九年三月、日本の当局は能登半島沖に不審船が存在することを察知した。海上保安庁、自衛隊が追跡し、ついには海上自衛隊に海上警備行動が発令されるまでに至った。結局は取り逃がしたが、警告射撃や威嚇爆撃にもかかわらず逃走する不審船の姿に国民は大きな衝撃を受ける。この不審船が北朝鮮の港に戻っていったことは明らかである。さらにはこれ以外に、北朝鮮による覚せい剤の密輸疑惑も発生していた。

北朝鮮は「凍土の共和国」、ミステリーな国、いつ崩壊するかわからない飢餓の国から、日本国家・国民に害を与える危険な国へと認識が変わっていく。長年平和に慣れてきた日本国民に「国家安全保障」の重要性を覚醒させたのは、皮肉にも北朝鮮であった。この後日本は周辺事態安全確保法を成立させ、弾頭ミサイル防衛システムの日米共同研究を開始し、独自の情報収集衛星を立ち上げる。さらに拡散に対する安全保障構想（ＰＳＩ）に参加するなど、安全保障の強化に取り組んでいく。北朝鮮に対しては「対話」と合わせて「抑止」「圧力」が重視されることになっていく。

†米朝関係――緊張から急接近

一九九八年八月のテポドン・ミサイル発射は米国にも衝撃を与える。北朝鮮が米国本土にまで届くような弾道ミサイルの開発を着々と進めていることが判明したのである。また、ノドン・ミサイルのような中距離ミサイルは日本の安全保障の脅威となっていたし、ミサイルの中近東などへの輸出は同地域の不安定化の要素となっていた。ミサイルの開発や輸出を規制する枠組みは米朝間では何ら存在していなかったため、米国としてこの問題への対応を迫られる。

またその時期、核施設の集まる寧辺の北西、平安北道の金昌里に地下の秘密核施設があるのではないかという疑惑が発生した。「合意された枠組み」に反し、北朝鮮が秘密裏に核兵器開発を続けているのではないかという疑惑である。北朝鮮の核・ミサイル開発の脅威に対し、「合意された枠組み」やKEDOが不十分ではないかとの問題意識が米政府内で高まった。

このような状況を受け、クリントン大統領は九八年一一月、ウィリアム・ペリー前国防長官に対北朝鮮政策の広範な見直しを行うよう命じた。いわゆる「ペリー・プロセス」である。ペリーのチームは日韓政府とも緊密に協議しながら、北朝鮮とも直接対話し、翌九九年一〇月に報告書を提出した。〔14〕

報告書ではまず重要な点として、政策提言の前提となる情勢認識においてありのままの北朝鮮政府と対応すべきであるとしている。つまり、北朝鮮の体制変化は当面ないという判断で、北朝鮮の体制基盤を弱化させたり、改革を促したりすることは不適当であると断じている。このあたりの情勢認識と判断は、金大中政権の「太陽政策」の影響を受けていると見られる。また万が一戦争が起こった場合、米国と同盟国に与える被害が大きいことを指摘し、米国は慎重かつ忍耐をもって目的を追求すべきとしている。ここはいささか北朝鮮に足元を見られるところであろう。そして「合意された枠組み」は補強されるべきであり、これを弱めたりこれを代替したりすることはすべきでないとしている。

そのうえで、包括的かつ統合されたアプローチを取ることを勧めている。つまり、北朝鮮が核兵器開発プログラムを持たないという完全かつ検証可能な保証を追求する。完全かつ検証可能な形で、ミサイルの実験・生産・配置および輸出の停止を追求する。その際、米国と同盟国は一歩一歩、相互主義的に北朝鮮への圧力を減らしていく。もし北朝鮮が核と長距離ミサイルの脅威を取り除くのであれば、米国は北朝鮮と関係を正常化し、制裁を緩和するといったアプローチである。

一方でもし北朝鮮がこれを拒否すれば、我々は彼らの脅威を封じ込めるため必要な措置をとっていくという両睨みの政策を提言している。

この報告書が提出される前の時点で、米朝協議を経て専門家が金昌里の疑惑施設を訪問している。その結果、九九年六月に米国は、この施設が「合意された枠組み」に違反していないとの報告を発表した。つまり疑惑はシロだったのである。また同年九月の米朝協議の結果、米国が対北朝鮮制裁の一部緩和を発表すると、北朝鮮は米朝高官協議が続いている間はミサイルを発射しないと発表する。米朝関係は緊張緩和に向け動き出した。

その後、二〇〇〇年に入ると一〇月には金正日の特使として趙明禄《チョミョンノク》国防委員会第一副委員長がワシントンを訪問し、オルブライト国務長官、クリントン大統領と会見する。その結果、根本的な関係改善のために措置を取ることなどを内容とした「米朝共同コミュニケ」を発表するに至る。

その直後、オルブライト国務長官は果たしてクリントン大統領の訪朝が可能かどうか見極めるため、平壌を訪問する。最大の問題はミサイルである。ミサイルについて満足いく合意がなされない限り、米朝首脳会談を行うことはできない[15]。

オルブライトとの会談で金正日はミサイル問題に関し、目的は衛星の打ち上げであるとして「もし他の国が我々のために衛星を打ち上げてくれれば、ミサイルを開発する必要はない」と主張する。また、ミサイルの輸出は金もうけのためであるとして「もし米国が輸出で失う額を補塡してくれるなら中止する」と述べる。すでに配備されたミサイルについては「何ができるかわからない」と否定的であった。オルブライトは後に、最も難しかったのはすでに配備されたミサイルの扱いと検証の問題であったと自叙伝に書いている。

配備されたノドン・ミサイルの撤去を重視したのは他でもない日本である。こうして、北朝鮮側の対応が十分ではなかったため、また、中東和平交渉が佳境に入っていたこともあり、クリントン政権は米朝首脳会談を断念するのである。

†七年半ぶりの日朝国交正常化交渉――小泉訪朝への下地

一九九八年六月に北朝鮮赤十字が、日本人行方不明者は発見されなかったとする調査結果を発表した。その後、八月にはテポドン・ミサイルが発射されたことを受け、制裁措置が取られたことから日朝関係は停滞する。

しかし九九年に入り、動きが出てくる。まず一月、日本政府は北朝鮮がミサイル発射や秘密核施設疑惑をめぐる国際的な懸念を解消し、なおかつ拉致疑惑をはじめとする日朝間の諸懸案の解決に建設的な対応を示すのであれば、対話と交流を通じ、関係改善を図る用意があると呼びかけた。

その後北朝鮮は八月、対日関係に関する政府声明を発出する。この政府声明は彼らが言う過去の日本の蛮行と、それを謝罪し補償しようとしない日本側の姿勢を厳しく糾弾することに行数を多く割いている。しかしポイントは最後の数段落で、「日本が朝日関係の厳重な現事態をそのままにしては、絶対に二一世紀に無難に入ることはできない」とし、「我々はこの問題解決を無限定に座して待っている、あるいは放任しておくことはない」と述べている。このことは、北朝鮮側が今世紀中の日朝国交正常化を強く求めていることを意味している。

そして「我々は日本が過去の清算を通じる善隣関係の樹立に進むならば、それに喜んで応じる」としている。北朝鮮は日本との関係改善に急いでいる。彼らのメッセージは明確であった。当時、日朝双方に、今世紀中に過去の清算と新しい関係の樹立を求める意見と動きが出ていたのである。

日本政府もこの機会を失うまいと努力した。政府間の水面下の接触が続けられていた。関係改善の糸口として、日本政府は九九年一一月、テポドン・ミサイル発射を受けて発動していた制裁措置の一部である北朝鮮へのチャーター便運航を解禁する。さらに翌一二月、国交正常化と食糧援助の凍結を解除する。情況をテポドン・ミサイル発射の前の時点まで戻したのである。

一方で同年一二月には、日朝関係改善に熱心な野中広務衆議院議員がお膳立てし、村山富市元総理を団長とする超党派国会議員団が訪朝する。同訪朝団は朝鮮労働党との間で「共同発表」に署名し、国交正常化のための日朝政府間会議再開の重要性について合意する。また、日朝両国が関心を持っている人道問題解決の重要性について合意し、それぞれの政府の協力の下で赤十字に対して、このためにお互い協力していくよう勧告することとした。

「人道問題」とは日本側にとっては「拉致問題」であり、北朝鮮側にとっては「食糧支援」である。このとき、北朝鮮側を代表した金容淳書記は関係改善に熱心であった。拉致問題についても日本側の調査要請に対し、大方の予想に反してあっさり「調査します」と答えている。[16]

村山訪朝団の後、間髪をいれず日朝赤十字協議と日朝国交正常化のための政府間予備会談が相次いで開催された。この二つのルートを緊密に連携させながら、人道問題と正常化交渉を進めていく方式が取られたのである。

赤十字会談では拉致問題に関し、日本人「行方不明者」について北朝鮮側がしっかりとした調査を行うために当該機関に依頼することが「共同発表」で確認される。これは大きな進展であった。局長級の予備会談では、国交正常化交渉の早期再開に向けて実務問題について意見交換を行う。日本側から、拉致問題は避けて通ることはできないと指摘し、誠意ある対応を取るよう強く求めた。これに対し北朝鮮側は「行方不明者」問題として捉えるべきであると述べたものの、過剰反応は見せず、関係改善への強い意欲が感じられた。

二〇〇〇年三月、日本政府はコメ一〇万トンを、国際機関を通じて供与することを発表する。四月には約七年半ぶりに日朝国交正常化交渉が再開され、それ以来計三回(四月、八月、一〇月)にわたって本会談が開催される。[17]また七月、ASEAN地域フォーラム会合に際し、史上初の日朝外相会談が開催される。この間、北朝鮮側において「行方不明者」のしっかりとした調査が開始され、同年九月には九八年一月以来、第三回目となる日本人配偶者の故郷訪問が実施された。さらに一〇月になると、日本政府は五〇万トンの食糧援助を、世界食糧計画（WFP）を通じて行うことを発表した。

このように日朝関係改善に向け、日朝双方で積極的な措置が取られ、前向きな歯車が回転し始めた。しかし日本側の一連の措置は、決して容易に取られたものではない。国内世論や党から厳しい意見も出され、調整と根回しは難航を極めた。何しろ「拉致問題」に解答は出ていなかったのであるから。その際、朝鮮半島をめぐる国際情勢の好転に政府は助けられた。特に二〇〇〇年六月、歴史的な南北首脳会談が金大中大統領と金正日国防委員長との間で行われた意味は大きかったと思われる。

この時期、北朝鮮が日朝関係改善に熱心になったのは明らかである。日本に対してだけでなく、金正日の指導の下、対外関係全般が活発化し始めたのがこの時期である。二〇〇〇年に入ると金正日は中国、二〇〇一年にはロシアを相次いで訪問し、首脳外交を展開する。イタリア、豪州、英国などとの国交が樹立される。金正日体制が盤石となり、食糧難も峠を越えたからであろう。

日本との関係強化に乗り出した背景には、米国との関係改善に先立ち、米国と同盟関係にある日本との関係改善をまず目指したのではないかという指摘がある。[18]また北朝鮮経済を再建し、当時北朝鮮でしきりに強調され始めた「強盛大国」を実現するには、国交正常化を通じた日本からの莫大な資金（補償）の導入が不可欠と考えたのかもしれない。

しかし二〇〇〇年一〇月に行われた再開三回目の第一一回正常化交渉で、北朝鮮側の対応は硬化する。同じ時期、趙明禄国防委員会第一副委員長の訪米やオルブライト国務長官の訪朝により、米朝関係が急速に接近したことと関係があるのかもしれない。一方で、この頃北朝鮮側から「もっとレベルを上げませんか。平壌に来ませんか」という内々の打診がなされている。森総理が日朝首脳会談を視野に、韓国系ジャーナリストを通じて金正日総書記に親書を送っていたことが判明し[19]、中川秀直衆議院議員がシンガポールで姜錫柱第一外務次官と秘密会談を行ったという噂も流れた（この秘密会談は、後に関係者の証言で確認される）。

金大中大統領が南北首脳会談の経験を踏まえ、金正日と直接談判するのが最も効果的であると日本側に助言していた。日朝首脳会談の実現は時間の問題であったのかもしれない。しかし森内閣の下では総理訪朝は実現せず、二〇〇一年四月に発足する小泉純一郎総理の手に委ねられることとなる。それでも総理訪朝の萌芽はすでに二〇〇〇年の段階であり、当時の関係改善に向けた努力が二〇〇二年九月の小泉訪朝につながっていったのであろう。

〔1〕一九九八年三月、自民党訪朝団に対する北朝鮮水害対策委員会担当者の説明。誇張されている可能

性があるが、当時の被害の大きさの一端を示していると言える。ちなみに後に明らかになったＦＡＯ／ＷＦＰの統計によると、一九九五年秋から九六年春にかけての北朝鮮の穀物生産（推計）は四〇七・七万トンであり、その当時の生産水準から見てさほど悪い収穫ではなかったと判断される。この点を含め、北朝鮮経済については次の論文を参照。山本栄二「北朝鮮経済の現状と今後の展望——改革・開放の行方」、"New ESRI Working Paper Series No.7" 内閣府経済社会総合研究所、二〇〇八年八月（http://www.esri.go.jp/jp/archive/new_wp/menu.html）。
〔2〕一九九五年四月一日付『読売新聞』。
〔3〕日本政府はさらに九五年九月、北朝鮮の水害に対する国際機関の緊急アピールに対し、計五〇万ドルの資金を国際機関に拠出した。これらを含め、一九九五年から二〇〇〇年にかけて日本から北朝鮮に供与された人道支援は世界最大規模であったとの指摘がある。
〔4〕一九九五年六月二九日付『読売新聞』。
〔5〕外務省『外交青書』一九九六年版。
〔6〕高崎宗司『検証　日朝交渉』平凡社新書、二〇〇四年、一〇二頁。
〔7〕北朝鮮側は九七年五月二一日の課長級協議で、日本人妻の里帰りの見返りとして一〇〇万トンのコメ支援を要求したと伝えられている。一九九七年八月二四日付『読売新聞』。
〔8〕結局森訪朝に際して合意文書は作成されなかった。一九九七年一一月一四日、北朝鮮側は合意文書ではないが「日本連立三与党代表団の朝鮮民主主義人民共和国訪問と関連した報道文」を一方的に発表している。都珍淳「東北アジアにおける脱冷戦の環、朝日国交正常化交渉の歴史と限界」参照。
〔9〕北朝鮮経済については、前出の論文「北朝鮮経済の現状と今後の展望——改革・開放の行方」を参照。

〔10〕熊岡路矢「北朝鮮の食糧問題と人道援助のあり方」姜尚中他編『日朝交渉　課題と展望』岩波書店、二〇〇三年。
〔11〕明石康「北朝鮮訪問記」『日朝国交交渉と緊張緩和』岩波ブックレット、岩波書店、一九九九年。
〔12〕前出『検証　日朝交渉』一一六頁参照。
〔13〕その後、欧州で消息を絶った有本恵子さん、同じく欧州で失踪した石岡亨さん、松本薫さん、欧州に向け出国後失踪した田中実さん、鳥取の松本京子さん、佐渡の曽我ひとみさん、ミヨシさん親子を加え、計一一件一七名が被害者として認定されている。
〔14〕公表された報告書については、米国務省のウェブサイトの"Review of United States Policy Toward North Korea: Findings and Recommendations" October12, 1999を参照。
〔15〕オルブライト長官の訪朝については次を参照。Madeleine Albright "Madam Secretary" Miramax Books 2003, pp. 459-469.
〔16〕一九九九年一二月五日付『読売新聞』。
〔17〕正常化交渉において、北朝鮮側は何よりもまず日本側が「過去の清算」について協議、確定し、そのうえで関係改善のための話し合いを行うべきと主張し、「過去の清算」においては、（A）謝罪、（B）補償、（C）文化財、（D）在日朝鮮人の地位を中心に話し合っていく必要があるとの立場である。これに対して日本側は、国交正常化の実現に当たっては国民の理解と支持を得る必要があり、それゆえ拉致問題、ミサイル等の諸懸案を解決に向けて前進させることが必須であるとの立場である。（二〇〇一年度版『外交青書』より抜粋）。
〔18〕「対米関係を打開するためにもまず外堀を埋めるよう」という江沢民主席からのアドバイスを受け入れる形で、北朝鮮は二〇〇二年春までに韓国、東南アジア、ヨーロッパ外交を積極的に展開したとの指摘

がある。朱建栄「中国――血で結ばれた関係のゆくえ」前出『日朝交渉　課題と展望』一七一頁。
〔19〕二〇〇二年一〇月三日付『読売新聞』。

第六章

第二次核危機と六者協議
——核兵器開発への対応

6者協議で、北朝鮮代表団（左）を前に発言する薮中三十二・外務省アジア大洋州局長
（2004年6月23日、北京市の釣魚台国賓館、朝日新聞社）

†ブッシュ政権の誕生と前政権との差別化

二〇〇一年一月二〇日、ジョージ・W・ブッシュ前テキサス州知事が米国の第四三代大統領に就任した。八年間続いたクリントン政権の後、久しぶりの共和党政権の誕生である。当初、ブッシュ政権は理念と哲学が大きく異なる前政権との政策の差別化に心を砕いた。その象徴が巷に言われたABC(Anything But Clinton)、すなわちクリントン以外のものなら何でもという政策の推進である。

対北朝鮮政策も例外ではない。ブッシュ大統領の取り巻き、特にネオコンと呼ばれる人たちからすればクリントン政権の政策をそのまま踏襲することは考えがたいことであった。特に「合意された枠組み」の評判はよくない。北朝鮮に譲り過ぎたのではないか、検証が不十分ではないか、ミサイル開発など他の重要な懸念に応えていない、といった批判があった。

そのため、クリントン時代の政策は「見直し」の対象となったのである。

その年の六月になって「見直し」の結果が対外的に明らかになった。米国側として、北朝鮮側と真剣な対話に入る用意があるとしながら、その議題として次の三点を含むことを求めた。まずは「合意された枠組み」の改善された実施である。次にミサイル輸出の禁止と固有ミサイル計画の抑制で、これらは効果的な検証を伴うものでなくてはいけない。そして、北朝鮮がより脅威的でない通常軍事姿勢を取ることである。

また対話の際の原則として、米側は北朝鮮の悪しき行動に対しては決して報酬を与えない。ブッシュ政権は北朝鮮側の意図と誠意に疑いを持っており、いかなる合意も効果的に検証可能なものでなくてはいけないという点を明らかにした。[1]「合意された枠組み」はこの時点では何とか生き残った。しかしブッシュ政権は対話の議題としてミサイルのみならず通常兵器も含め、また北朝鮮とのいかなる合意も「効果的な検証」を伴うべきことを重視し、クリントン政権との違いを際立てようとした。

この見直しを踏まえた対話の申し入れが北朝鮮側に伝えられたが、彼らとしては面白くない。対話の議題が一方的に設定され、かつ対外的に公表されたばかりか、内容的にも通常兵器を含んでいることもあり、とてもではないが受け入れられない。「米国は交渉を通じて、我々を武装解除する目的を達成する企みであると解釈せざるを得ない」と反発し、交渉の呼びかけに応じなかった。

そうこうしているうちに九月一一日、同時多発テロ事件が発生し、世の中が一変する。翌一〇月には米軍などによるアフガニスタンのタリバン政権に対する武力行使が始まる。テロとの戦いが最優先課題となり、謳い文句となるのである。

興味深いことに北朝鮮は九・一一の直後に声明を発表し、国連加盟国としてすべての形態のテロおよびそれに対するいかなる支援にも反対する旨表明した。過去、幾度となくテロを直接敢行し、現時点でも「よど号事件」の犯人を匿っているにもかかわらずである。ここはテロとの戦いに歩調を合わせ、怒りのやり場を求める米国の標的にならないよう、とりあえずは恭順の意を表したということであろう。

ブッシュ大統領個人としては金正日に対する嫌悪感があった。新政権は前述の通り、北朝鮮と対話を行う用意はあった。しかし大統領はしばしば金正日を「独裁者」「暴君」などと呼び、「国民を飢えさせている」と吐き捨てるように批判する。

そしてテロとの戦いが強化される中、二〇〇二年一月の一般教書演説においてブッシュ大統領は北朝鮮をイラン、イラクと並ぶ「悪の枢軸」として非難するのである。北朝鮮は自国民を飢餓に晒す一方で、ミサイルや大量破壊兵器による軍備を進めている体制であると。

これに対し、北朝鮮は外務省スポークスマンを通じて「事実上の宣戦布告と変わらない」と非難したが、金正日にとっては身の縮む思いであったに違いない。怒り心頭に達した米国の次の標的となる恐れが出てきたと受け止めたとしても不思議ではない。実際、米国による先制攻撃も排除しないという方針が云々されることもあった。[2]

そんな中、四月初めに北朝鮮から、米国と協議をする用意があると連絡してきた。これに対して米国は六月末、ジェームズ・ケリー国務次官補が七月一〇日に訪朝する用意があると伝

えた。〔3〕

しかし、このタイミングの訪朝は流れる。間の悪いことに、北朝鮮側からの詳細な日程の回答が遅れる中で次の二つの事態が発生する。一つは六月末、黄海において南北の銃撃戦が起こり、韓国側に死傷者が出たため、米朝対話を行う雰囲気ではなくなったことである。もう一つは北朝鮮による秘密のウラン濃縮計画に関し、米国のインテリジェンス・コミュニティが新たな評価を下しつつあったのである。〔4〕

†高濃度ウラン問題の発覚と第二次核危機

ケリーは大統領特使として二〇〇二年一〇月に平壌を訪問する。ウラン高濃縮計画の疑惑が高まる中、訪朝の目的は先に見直しを終えた「大胆なアプローチ」の提示ではなく、「疑惑」の確認に変わってしまった。

ケリー特使はまず金桂冠《キムゲグァン》次官と会談し、注意深く証拠の中身を提示することなく、北朝鮮が秘密裏に高濃縮ウラン計画を進めている証拠を握っていると述べ、彼の反応を待った。金次官は即座に「でっち上げ」であると反論する。しかし翌日、姜錫柱第一次官は関係部署、軍などと協議した結果であるとして、これを認めるような発言をしたのである。

ケリー一行に確かにそう思わせる発言が姜次官からあった。「北朝鮮が米国と交渉する上で、ウラン濃縮や核兵器といった梃が必要である」等々である。[5] 米代表団はケリーだけではない。追って皆で姜の発言などを分析した結果、姜次官がウラン濃縮計画を認めたことで意見が一致したのである。したがって、米側の聞き違いということはなかったと思われる。

北朝鮮側は後に、この発言と計画の存在を否定する。米国側のインテリジェンスはかつて、金昌里の秘密施設疑惑で失態を演じたこともあった。すでに述べた通り、秘密核施設と思ったが、現場視察をしてみると「シロ」であったのだ。

しかし今回の高濃縮ウラン計画の疑惑には、きちんとした裏付けがあったようである。まず、「核開発の父」として知られるパキスタンのアブドゥル・カディール・カーン博士が遠心分離機のプロトタイプと設計図を北朝鮮に手渡したことを自白した。これにより、北朝鮮は遠心分離による濃縮計画を開始することができる。次にフランス、ドイツ、エジプトの当局が北朝鮮仕向けの高強度アルミ管二二トンを捕捉した。このアルミ管はウラン濃縮のための遠心分離機の技術仕様に合致していた。[6]

このような点も含め、ブッシュ政権は二〇〇二年の半ばには、北朝鮮が遠心分離施設に必要な物資と機材を獲得していたという明確な証拠を入手していたと言われる。この施設が完成すれば、年二つ以上の核兵器を作るに十分な兵器級のウランを生産することが可能というものであった。

北朝鮮側がこの計画を認める発言をするや、ケリー特使は文字通り席を立ち、平壌を後にする。この報告を聞いて内心小躍りしたのは、ワシントンの「ネオコン」と呼ばれる人たちであった。彼らから見ると、北朝鮮はとうとう尻尾を見せ、米側がこれを捕まえた。ここで「合意された枠組み」の運命は決まってしまったのである。すでに第四章で触れた通り、同じ年の一一月、朝鮮半島エネルギー開発機構（KEDO）は北朝鮮への重油の供与を一二月以降停止することを決定した。北朝鮮による高濃縮ウラン計画の推進は「合意された枠組み」に反するものであり、これに基づく重油の提供を続ける理由はなかった。

ここから事態は坂を転げ落ちるように悪化していく。北朝鮮は重油供給停止の決定に反発し、一二月、「合意された枠組み」に従い核施設の封印を監視していたIEAEの査察官を国外退去させる。さらに二〇〇三年一月にはNPTからの脱退を宣言するとともに、黒鉛減速炉の稼働を再開させる。

その間、IAEAは理事会を開催し、北朝鮮の核兵器開発問題を安保理に報告することを決定し、二月に書簡をもって報告が行われた。これに対し安保理は、IAEA事務局長からの報告を受けたことを発表した。しかし、北朝鮮の核問題について具体的な議論がなされることはなく、四月に非公式協議が行われて以降、何らの行動も取られなかった。稼働を再開した原子炉から八〇〇〇本の使用済み燃料棒が取り出され、二〇〇三年六月になるとその再処理が完了した。北朝鮮としては、これでまた数発もの核兵器を製造することができるようになったのである。

なぜこのような事態になってしまったのであろうか？

当時はイラク戦争開始の直前である。ブッシュ政権としては、北朝鮮の挑発に効果的に対応している余裕がなかったとも考えられる。また、日本は安保理メンバーではなかったし、九〇年代前半に比べて格段に国際的な力を付けていた中国が、決議などの採択に消極的に動いた可能性もある。

†二国間から多国間へ――六者会談の誕生

では当時、北朝鮮側はどのような状況に置かれていたのであろうか。イラク戦争が二〇〇三年三月に開始されるまでの数カ月は大変な緊張状態にあったと思われる。二月から四月までの間、金正日の動静が五〇日間伝えられない時期があった。これは、米軍によるピンポイント攻撃を恐れたためかもしれない。そんな時期に北朝鮮は米国相手に、核兵器開発の再開を進めていたのである。

アフガンに続いてイラクが攻撃されるのを目の当たりにして、米国からの攻撃を抑止するにはやはり核兵器に頼らざるを得ないという確信を一層深めたのであろう。一方で米国相手にどこまでも緊張を高めることは、いくら瀬戸際政策が得意の北朝鮮でも恐ろしかったに違いない。

北朝鮮側は核問題について話し合うため、米国との二国間交渉を求めてきた。これに対して米側は、クリントン政権の過ちを繰り返さず、なおかつ北朝鮮から騙されないようにするためにも、二国間の直接交渉ではなく多国間の対話枠組みに固執する。

そして中国の仲介により、二〇〇三年四月に米・中・北朝鮮の三者会合が行われる。その間、北朝鮮側は米側に対して「実は核を保有している。実験も輸出も可能だ」などと述べている。[7]これは米国を交渉のテーブルに乗せるための誘いであると同時に、「我々は核兵器を保有しているので攻撃するな」という抑止の意思表示であるかもしれない。

ちなみに、多国間対話ということでは、金泳三政権時の九七年に米韓が主導して、南北米中による「四者会合」が開始されたことがある。その後何度か行われたが、一九九八年に金大中政権が発足し、南北が直接やりとりを行うに至ってその役割を終えた。

その後、八月になると第一回目の六者会合が北京で開催される。かつての「四者会合」や「三者会合」と違って、日本もプレーヤーである。この会合では日米韓の三カ国が一致して、北朝鮮によるすべての核計画の完全、検証可能かつ不可逆的な撤廃を要求した。つまり第一期目のブッシュ政権が強調したCVID政策の表明である。[8]これに対し北朝鮮側は「アメリカが敵視政策を変えなければ、核保有宣言と核実験の用意がある」と言明し、五対一の対立の構図になってしまう。[9]

二〇〇四年に入り、二月、六月の二回にわたり六者会合が開催された。しかし日米韓と北朝鮮との立場の違いは依然として、大きく開いたままである。我々は「すべての核計画」の廃棄を求める立場であるが、北朝鮮側は「原子力の平和利用は認められるべき」という立場である。また、北朝鮮側は引き続き「ウラン濃縮計画」の存在を認めない。

六月の第三回会合では米国および北朝鮮の双方より具体的な提案がなされる。[10] しかし六者間の立場の相違は残り、なおかつその後、北朝鮮は態度を硬化させたため、次回会合を九月末までに開催するとの合意にもかかわらず、年内の会合は実現しなかった。

二〇〇五年に入ると北朝鮮は次々と挑発的な言動を取るようになり、二月には核兵器の製造や六者会合の無期限中断を表明する「外務省声明」を出す。三月には弾道ミサイルの発射モラトリアムにはもはや拘束されないと公表し、さらに五月になると「外務省スポークスマン」が、八〇〇〇本の使用済み燃料棒を取り出す作業を終えたと発言する。

二〇〇五年に入り二期目になるとブッシュ政権の中にも変化が現れる。これまでの北朝鮮政策は功を奏していないとの評価がなされ、コンドリーザ・ライス国務長官、クリストファー・ヒル国務次官補の就任により、少なくとも戦術的な変化が生まれていた。つまり、もう少し対話を重視していこうということであり、米朝間の直接対話も排除しない。

また、南北関係にも肯定的な変化が表れていた。六月に鄭東泳《チョンドンヨン》韓国統一部長官が平壌を訪問した際、金正日国防委員長との会談が実現する。その場で金正日は「『朝鮮半島非核化宣言』は有効であり、金日成主席の遺訓である」、「米国が我々を相手として認め、尊重することが確かであるならば、七月中にも六者会合に出ることができる」と発言する。

このような前向きの環境の中で、七月の北京における米朝接触を経て、七月から九月にかけて第四回六者会合が開催され、「共同声明」が発表された。

この「共同声明」で、北朝鮮が「すべての核兵器および既存の核計画を放棄すること、ならびに、核兵器不拡散条約およびIAEA保障措置に早期に復帰することを約束」したことが極めて重要である。この約束を、朝鮮半島の安全保障に直接かかわる五ヵ国との間で行ったことに意味がある。「すべての核兵器および既存の核計画」に「高濃縮ウラン計画」が含まれるのは当然である。

一方、北朝鮮が求める原子力の平和利用については、北朝鮮が「原子力の平和的利用の権利を有する旨発言」し、「他の参加者は、この発言を尊重する旨述べるとともに、適当な時期に北朝鮮への軽水炉提供問題について議論を行うことに合意した」のである。

ここでは、北朝鮮がいまだに「軽水炉」に固執していることが見て取れる。

しかし、この「共同声明」には「高濃縮ウラン計画」が明記されていないこと、「軽水炉」

への言及があることから、ヒル次官補は米国の保守派から批判されることになる。[11]

その後、一一月に第五回六者会合が開催されるが、そのときに米国による対北朝鮮金融制裁が表面化する。米国政府は、北朝鮮が不法活動（麻薬、通貨偽造等）による収益の資金洗浄に関与したとして、マカオにある「バンコ・デルタ・アジア（BDA）」を米国愛国者法に基づき、主要な「資金洗浄懸念」のある金融機関と指定した。これを受け、北朝鮮関連口座が凍結されてしまったのである。[12]

北朝鮮はこの米国の措置を「金融制裁」だとして強く反発し、この後一年以上にわたって六者会合は頓挫し、朝鮮半島をめぐる対立は激化していく。

†ミサイル発射は失敗、そして成功？

二〇〇六年七月五日の早暁、北朝鮮の東海岸から日本海に向けて弾道ミサイルが発射された。数時間のうちにテポドン二号を含む計七発のミサイルが発射されたのである。日本を含む国際社会の事前の警告にもかかわらず、である。

これは日本の安全保障、大量破壊兵器の不拡散という観点から重大な挑発であり、日朝平壌宣言にあるミサイル発射モラトリアムにも違反するものであった。

日本政府は即日、万景峰九二号の入港禁止や北朝鮮当局職員の入国原則禁止、航空チャーター便の乗り入れ不許可などの一連の措置を発表する。

また、国連安保理では日本などの要請に基づき、五日に会合が開催される。そして一〇日後の七月一五日には北朝鮮による弾道ミサイル発射を非難し、すべての加盟国に対し、北朝鮮のミサイル・大量破壊兵器（WMD）開発計画関連のモノ・技術・資金の移転の防止などを求める安保理決議第一六九五号を全会一致で採択した。[13]

北朝鮮が日本海に向けて弾道ミサイルを発射したのは、今回が初めてではなかった。初めてのケースは一九九三年五月、ノドン・ミサイルが発射され、能登半島の沖に落ちたというものである。二回目は一九九八年八月、テポドン一号ミサイルが日本列島を越えて太平洋側に着弾した。今回は三回目である。しかし今回発射されたテポドン二号は、発射後まもなく爆発し、失敗に終わったとされている。

そして、二〇〇九年四月五日、北朝鮮より四回目の弾道ミサイル、テポドン二号改良型が発射され、日本列島を越えて太平洋上に落ちた。これに対して日本政府は、北朝鮮への送金と現金持ち出しの監視を強化する独自の追加制裁措置を取る。[14]また安保理においては同月一三日、議長声明が採択された。

この議長声明は、今回の「発射」が二〇〇六年の核実験を受けて採択された安保理決議第一七一八号に「違反」するとして明確に「非難」している。さらに安保理制裁委員会に対し、北朝鮮への禁輸品と資産凍結対象団体を指定する任務に着手するよう指示するなど、通常「決議」に盛り込まれるような内容が含まれている。今回、北朝鮮側が「ミサイル」発射を「衛星」発射であると主張し、事前に必要な手続きを取っていたこともあり、中国などが「決議」の採択に反対した経緯はある。しかし中身を読むと実質的には「決議」であり、かなり強いメッセージが含まれている。

過去四回のミサイル発射の背景と対応を考えてみよう。

まずは北朝鮮側の背景である。興味深いことに四回の発射のうち、三回は北朝鮮の内政、特に金正日の国内的な重要な立場に関連しているのである。具体的には一九九三年五月のノドン・ミサイル発射の直前、同年四月に金正日は初めて国防委員長に就任している。そして九八年八月のテポドン・ミサイル発射の直後、北朝鮮は憲法を改正し、国家主席を廃止し、国防委員長を国家の最高機関と位置づけ、そのポストに金正日が再度推戴されている。二〇〇九年の発射も同様で、その直後に最高人民会議が開催され、金正日が国防委員長に再任されている。特に今回は前年夏に病に倒れた後、復活を強調する重要な舞台であった。

つまりミサイル発射は、抑止力の強化という点に加えて金正日および国家の宣揚、そして国内団結のための重要な装置なのであろう。

そして過去四回のミサイルのうち、少なくとも二回は北朝鮮をめぐる国際情勢、なかんずく米朝関係が厳しいときに発射されている。相手への威嚇、抑止、そして交渉を有利に運ぶ意味があるのであろう。一九九三年五月のノドン発射は北朝鮮によるNPT脱退声明直後、なおかつ米朝交渉の最中に行われた。また二〇〇六年七月の一連のミサイルは、米国によるいわゆる「金融制裁」が功を奏している間に行われた。このミサイルはアメリカの独立記念日（七月四日）、そしてスペースシャトルの打ち上げに合わせて発射されたことから、北朝鮮が米国をかなり意識して発射したものと見られる。

また、九三年と今回の二〇〇九年のミサイルは米新政権が発足して間もない時点で発射されている。新しい政権に対し、主導権を握ろうということかもしれない。

ここでミサイル発射に対する日本国内および国際社会の反応を補足する。

九八年八月のテポドン・ミサイル発射の際は、初めてミサイルが日本列島を越えたことから、国内で北朝鮮に対する非難の声が高まり、KEDOへの協力を当面見合わせるなど独自の措置を取っている。また、安保理においては、日本の働きかけにより、議長より報道声明が読み上げられた。〔15〕

また特に二〇〇九年の発射については、ミサイルが発射された場合、日本列島上空を通過する可能性がかなり高かったことから、関係都道府県への通報体制に万全を期す。そして万が一、日本の領土にミサイル（あるいはその一部破片）が落下してきた場合に備え、迎撃体制まで整えた。その結果、一部誤報はあったものの四月五日午前一一時半に実際テポドン・ミサイルが発射されたときには、数分後にその事実が公表されたのである。

このことは、一九九三年から三回実施された過去のミサイル発射の際の対応と比べると驚くべき変化である。北朝鮮によるミサイル発射はまったくもって容認される余地はないが、皮肉なことに彼らのそのような行動により、日本の安全保障体制は格段に整備された。

なお、韓国の一部報道は二〇〇九年のミサイル発射に際する日本国内の反応を「はしゃぎ過ぎ」「第二次大戦以来の軍事的大混乱」「ウラに軍備増強の政治的意図」などと報じたようである。しかし北朝鮮から領土を越えて、ミサイルを撃たれる立場になってみれば、日本の反応はそのように揶揄されるべきものではない。

北朝鮮ミサイルの根本的な問題は、北朝鮮がいかなる国際的なミサイル規制の機構にも入っていない、すなわち野放しであるということである。クリントン政権の末期、米朝でミサイル協議が行われたり、日朝平壌宣言でミサイル発射のモラトリアムに言及されたりしたこともあった。しかし六者協議では、ミサイル問題は扱われていない。

北朝鮮は自国の安全保障のためだけでなく、重要な外貨獲得源として弾道ミサイルを開発している。そのため、ミサイルを六者協議あるいは米朝協議のテーブルに載せて規制しようとすれば、必ず対価を求めるであろう。

そのような状況において、二〇〇六年安保理決議第一七一八号が採択された意義は大きい。これは後述の通り、北朝鮮の核実験に対して採択された決議であるが、弾道ミサイル計画についてもこれを「完全な、検証可能な、かつ、不可逆的な方法で放棄することを決定する」と明記している。しかもこれは国連憲章第七章を引用した、法的拘束力と強制力のある決議なのである。我々としては今後ともこの決議を引用し、北朝鮮に対価を提供することなく、弾道ミサイル計画の放棄を迫っていくべきである。

†ついに核実験が実施される

弾道ミサイル発射に対する国際的非難が冷めやらぬ中、二〇〇六年一〇月三日、北朝鮮は核実験の実施を宣言する。そして安保理による自制の要請にもかかわらず、同月九日、核実験を実施した。安倍晋三総理が就任直後、中国を訪問し、ソウルに移動する最中の出来事である。

日本は一一日にはすべての北朝鮮籍船の入港を禁止し、北朝鮮からすべての品目の輸入を禁止することを含む一連の制裁措置を決定する。また、安保理では議長国として他の理事国と緊密に連携しつつ、一四日、安保理決議第一七一八号を全会一致で採択した。

同決議は憲章第七章の下、北朝鮮に対してさらなる核実験および弾道ミサイル発射の中止などを求めている。また、すべての加盟国が取るべき措置として軍関連、核・ミサイル・WMD計画関連の特定品目、奢侈品の北朝鮮に対する供給等を防止することなどを決定している。[16]

日本はこの決議の採択を受け、北朝鮮に対する「奢侈品」（乗用車、たばこ、酒類など二四品目）の輸出禁止、仲介貿易取引の防止措置を実施した。

これら北朝鮮の一連の挑発行為が意味するところは何であろうか。北朝鮮の核実験が成功と言えるかどうか、定かではないが、北朝鮮が核兵器保有の意思を表明し、実験を行ったことは確かである。また、核兵器を少なくともいくつか製造するに十分な兵器級プルトニウムを有していることも事実である。

そして、運搬手段の開発も着々と進んでいる。一九九八年のテポドン一号ミサイルは三陸沖に着水し、その射程は一五〇〇キロ以上であったと言われている。二〇〇六年のテポドン二号の発射は失敗であったが、二〇〇九年のテポドン二号改良型は二段目以降のロケットが少なくとも二一〇〇キロ以上飛んだことが確認されており、三〇〇〇キロ以上飛んだ可能性もある。一部には二段目以降は切り離しができず、かつバラバラに空中分解したという見方もあるが、いずれにせよ飛距離が延びていることは確かなようである。

これら弾道ミサイルは日本列島の上空を飛んでいく限りにおいて、日本にとって厄介であるが、狙いはハワイ、アラスカ方面である。日本にとって直接の脅威となるノドン・ミサイルの射程は一〇〇〇～一三〇〇キロと言われ、日本の領土をほぼすべてカバーし得る。このミサイルが北朝鮮に三〇〇基以上配備されているという説もある。

この運搬手段に核兵器が結びつくと日本の安全保障、ひいては米国の安全保障にとって深刻な問題となる。北朝鮮が核爆弾の小型化、弾頭化にすでに成功したという見方もあるが、いずれにせよ時間の問題かもしれない。

†米国の政策の変化と六者会談の成果

弾道ミサイルの発射と核実験の実施にもかかわらず、ブッシュ政権が軍事的措置を含む強硬手段を取ることはなかった。イラク戦争が泥沼化しつつあったこともあるが、親北朝鮮の盧武鉉政権がそのような措置を認めることはあり得なかったであろう〔17〕。

変化があったのは米国国内の政治状況である。二〇〇六年一一月の中間選挙で民主党が勝利し、上院・下院の双方で多数を確保した。国内でイラク戦争への批判が高まり、ネオコンと呼ばれる強硬派が政権内から退出していく。それに従って対北朝鮮政策にも変化が現れた。核開発、拡散防止のため目に見える成果が必要になってきたのである。

二〇〇七年に入るとヒル次官補は一月のベルリンにおける米朝協議をはじめとして、精力的に外交努力を続ける。二月の六者会合において「共同声明の実施のための初期段階の措置」が採択されたのである。二〇〇五年九月の「共同声明」採択から一年五ヵ月が過ぎており、残念ながらその間に失われたものは大きい。

「初期段階の措置」においては採択後六〇日以内に北朝鮮が実施する措置として、①寧辺の核施設の活動停止および封印、②すべての必要な監視および検証のための国際原子力機関(IAEA)要員の復帰等を定めた。またこれと並行して、米中韓露による北朝鮮に対する重油五万トンに相当する緊急エネルギー支援の開始等を定めた。

「初期段階の措置」は、「共同声明」の実施に向けての小さな第一歩に過ぎない。だが、この文書は「次の段階における措置」も明記し、小さな一歩が確実に実施されれば次につながることを示すという意味で大きな意義があった。

六〇日以内に実施されることになっていた「初期段階の措置」は、北朝鮮がBDA問題を取り上げたため大幅に遅れたが、それでも実施に移された。

これで六者会合にも弾みがついてきた。九月に開かれた第六回六者会合第二セッションにおいては「第二段階の措置」が採択される。この合意文書では北朝鮮が二〇〇七年末までに①寧辺の三つの核施設の無能力化を完了し、②すべての核計画の完全かつ正確な申告を実施すると約束したことが注目される。

一方で北朝鮮に対し、一〇〇万トンの重油(すでに供給された一〇万トンを含む)に相当する規模を限度とする経済、エネルギーおよび人道支援が供与されることとなった。ただし日本は拉致問題もあり、これに参加しないこととしている。

また、米国は北朝鮮がとる行動と並行してテロ支援国家指定を解除する作業を開始し、対敵通商法の適用を終了する作業を進めることを約束した。

しかし無能力化と申告は予定の年内には完了せず、年を越す。「すべての核計画の完全かつ正確な申告」は北朝鮮側に任せておいて出てくるものではない。米国はジュネーブ、シンガポールにおいて北朝鮮側と協議し、その結果、北朝鮮は黒鉛炉の運転記録など一万八〇〇〇頁余りの資料を米国に提出した。

そして二〇〇八年六月、北朝鮮は期限より大幅に遅れたものの、議長国中国に申告を提出する。これを受け、米国は同日、北朝鮮のテロ支援国家指定を解除する意図を議会に通報し、対敵通商法の適用終了を宣言したのである。

「申告」の内容はこれまでのところ明らかにされていないが、プルトニウムについては総生成量が約三八キログラム、うち未処理が約八キログラム、抽出済みのものが約三〇キログラムと伝えられている。約三〇キログラムの内訳は核実験に使用したものが約二キログラム、廃棄が約二キログラム、残り約二六キログラムが核兵器化されたと言われている。[18] 一方、注目されていた高濃縮ウラン計画やシリアとの核協力問題は、申告書には含まれていないとして批判的な報道がなされた。

この時点から、北朝鮮によるこの申告が「すべての核計画の完全かつ正確な申告」なのかどうか検証することが、残り五ヵ国にとって重要な課題となる。米国は「申告」の内容が不十分であるとの批判を受けたこともあり、検証の具体的枠組みの構築を急いだが、北朝鮮から協力が得られない。一方で議会への通報から四五日後にテロ支援国家指定が解除されることとなっている。しかし米政府は四五日が過ぎても「指定解除」を実施せず、つまり解除を先送りにして我々を驚かせた。

これに対し北朝鮮側は、八月に無能力化作業の中断を発表し、九月には寧辺の核施設の原状復旧を図っていると発表した。そして、ＩＡＥＡに再処理施設の封印・監視機器を除去させるなど、これまでの無力化作業を逆行させる行動をとる。まさに恫喝であり、脅し以外の何物でもなかった。

残念ながらブッシュ政権には残された時間がない。これまで築き上げてきた無能力化の業績を無にするわけにはいかなかったのであろう。一〇月に入るとヒル国務次官補が訪朝し、北朝鮮側と協議する。その結果、米国は一連の検証措置に関して（口頭の）合意が得られたとして、北朝鮮のテロ支援国家指定の解除に踏み切ったのである。すべてが拙速であった。

日本国内では米国が拉致問題の解決を置き去りにして、テロ支援国家指定の解除を行ったことに対し、批判的な報道が相次いだ。米国は大切なカードを一枚切ったが、それにより三つの核施設の無能力化は継続されることになる。

問題は、米側が北朝鮮側と合意したと主張する「検証措置」の中身である。これが「あいまい」なのではないか。米国は、この点をあいまいにしたまま、指定解除というカードを切ったのではないかという批判があったのである。

一二月の六者会合首席代表者会合は、ヒル次官補にとって最悪の会合であったに違いない。米朝が一〇月の平壌での米朝合意をめぐって真っ向から対立する。米側は「サンプル調査」を含む口頭の合意の有効性を訴えたが、北朝鮮側は七月の六者会合首席代表者会合で合意した「施設への訪問」「書類の検討」「技術者との面談」の三つだけでも十分科学的手続きであると主張し、口頭での合意を否定したのである。[19]

その後、ブッシュ政権が退陣し、オバマ政権が誕生するのであるが、その後六者会合が再開されることはなく、核申告の検証問題は宙に浮いたままとなる。

ライス国務長官は「北朝鮮は正確な申告を提出すべきであったのに、複数の大きな疑問がある」と明言している。[20] つまり、「第二段階の措置」で合意した「すべての核計画の完全かつ正確な申告」はなされなかったのである。

†「合意された枠組み」とどちらが有利

一九九四年、クリントン政権時代に米朝間で署名された「合意された枠組み」とブッシュ政権が進めた「六者会合の合意文書」を比較した場合、我々にとって、果たしてどちらが有利な取引であろうか。これは簡単に比較できるものではなく、いくつかの観点から吟味する必要があるだろう。

まず六者会合の三つの合意文書、すなわち「共同声明」「初期段階の措置」「第二段階の措置」は「合意された枠組み」を随分意識して作成されたことは間違いない。それも反面教師としてである。クリントン政権の「合意された枠組み」は署名されたときから米国議会などで評判がよかったことはなく、常に「北朝鮮に譲り過ぎた」と非難されてきた。だからブッシュ政権はできるだけ、クリントン時代とは違うという印象を与えたかったのだ。

たとえば「合意された枠組み」では北朝鮮の黒鉛減速炉を「凍結」(freeze)し、やがては、「解体」する(dismantle)という表現が使われている。これに対し、六者会合の文書ではこれと同じ表現は使わず、活動を停止および封印(shut down and seal)し、最終的に「放棄」する(abandonment)という、あえて違う文言を使用している。また、単なる「凍結」だけではなく、一歩進めて「無能力化」(disablement)するという概念を作りだした。これは「凍結」

と「放棄」の間の概念で、半年から一年程度使えなくするというものである。

また前述の通り、ブッシュ政権は一期目の間は「完全かつ検証可能で不可逆的な核の放棄（CVID）」を訴えてきた。六者の合意文書には「不可逆」という言葉こそ入っていないが「完全」「検証可能な」というキーワードが散りばめられている。これだけ見ても、ブッシュ政権の哲学の違いが見て取れる。

そのうえで協議と合意の形式を見ると、日本にとっては六者会合の方が望ましいことは間違いない。「合意された枠組み」はあくまでも米朝間の協議、合意であり、日本や韓国は米朝協議の後ろに控えていた。報告や相談は受けたが、直接交渉に参加することはできず、後で付けを払わされる形となった。これでは面白いはずがない。

これに対し、六者会合において日本は正式な当事国の一つである。ブッシュ政権の後半になると米朝の協議が先行し、六者がこれを裏書きするという形を取ることが多くなったが、それでも交渉の正式メンバーである限り、いつでも自らの主張を反映させることができる。この形式面に着目すると、六者に軍配が上がる。

次に内容面を見よう。非核化に向けて、北朝鮮からどれだけの譲歩を引き出したかという観点である。

「共同声明」で北朝鮮は「すべての核兵器および既存の核計画を放棄すること」を約束した。

「共同声明」は原則を定めた政治的文書であり、実施細目を定めた文書ではないにせよ、五者の前でこの約束をした意味は少なくない。これに対し、「合意された枠組み」においては具体的な「凍結」そして最終的「解体」の対象は「黒鉛減速炉および関連施設」となっており、一見すると寧辺の核施設に限定されているように読める。

しかし敢えて「合意された枠組み」を弁護すれば、この文書でも北朝鮮が「南北非核化共同宣言」（ウラン濃縮施設も含め所有しないことを約束）を実施し、核不拡散条約（NPT）の締約国であり続けることが定められている。さらに「凍結」の対象ではない施設についても、IAEAの通常査察が認められることになっている。軽水炉の重要な部分が完成した暁には、北朝鮮が特別査察を含め、IAEAの保障措置協定を完全に実施することが明記されている。したがってこれらを全体として読めば、「合意された枠組み」も「すべての核兵器と核計画」を放棄させ、なおかつこれをIAEAを通じて検証する枠組みを持っていたと言えるのではないだろうか。

問題は原則を受けた具体的な手順・細目である。「合意された枠組み」は一つの文書で完結しており、中身と手順を含めてかなり具体的に規定されている。これに対し、六者会合の文書で具体的な手順を定めたものは「初期段階の措置」と「第二段階の措置」の二つであり、なおかつその後「第三段階」が想定されているので道半ばである。

この二つの文書を読むと、北朝鮮がなすべきことは寧辺の三つの核施設の「無能力化」と「すべての核計画の完全かつ正確な申告」である。特に後者の「申告」が仮に文字通りに行われれば、九〇年代初めに北朝鮮がＩＡＥＡに提出した初期報告の内容よりも広範囲になると思われ、その意義は大きかったであろう。

これに対し、「合意された枠組み」では凍結→解体の対象となる施設は寧辺の三つの施設より多い可能性がある。[21] かつ、北朝鮮はＮＰＴのメンバーとして完全ではないとは言え、通常のＩＡＥＡの査察を受けている点が強みである。このように見てくると両者には一長一短があり、甲乙つけがたい。

では、コスト面はどうであろうか。日米韓などが負担する経費の問題である。六者については「第二段階の措置」が終了するまで供与されるべきものは、一〇〇万トンの重油に相当する経済、エネルギーおよび人道支援である。「枠組み合意」では第一基の軽水炉が完成するまで、北朝鮮側に代替エネルギーとして毎年五〇万トンもの重油を提供すると約束した。これに加え、「軽水炉」の経費が五〇億ドル近くにのぼった。

この時点においては、六者の枠組みの方がコストが低いことは歴然である。しかし前述のように、北朝鮮はすでにプルトニウムを兵器化したと言われ、それを簡単に手放すとも思えない。実際に「すべての核兵器および既存の核計画を放棄」させるには、かなりの負担を覚悟せねばならないかもしれない。

この関連で、「共同声明」において「適当な時期に、北朝鮮への軽水炉提供問題について議論を行うことに同意した」と明記されているように、彼らは「軽水炉」を諦めていない。「第三段階」で「軽水炉」の供与が決まるようなことがあれば、五者側の負担は膨大なものになるであろう。

最後に実行と安定性を比べてみよう。「文言」はあくまで「文字」であり、「実行」が伴っているかどうかは別である。

「合意された枠組み」の内容は、遅れはあったものの、着実に実施されていた。また、「ウラン濃縮計画」の問題はあったが、これを除き、北朝鮮の方からこの「枠組み」自体を破壊するような行動はなかったと思う。「軽水炉」が着々と建設されていたこと、および毎年五〇万トンもの重油の提供は北朝鮮にとって魅力であり、「枠組み合意」を維持する強い誘因になっていたと思われる。

これに対し、六者の枠組みはすでに困難に直面していた。北朝鮮が提出した「申告」はどうも完全なものではなかったようだし、彼らは検証の具体的枠組み作りも拒否していた。さらには二〇〇九年四月のミサイル発射を受け、安保理が議長声明を発出したことに反発し、「六者会合には絶対戻らない」と宣言した。その挙句、ＩＡＥＡと米国の要員を国外に追い出し、無能力化に逆行する行動をとったのである。

ミサイル発射→安保理議長声明、という直接的な要因はあるが、やはりコストが安い分、北朝鮮がこの合意を守ろうとする動機づけが弱かったのであろう。また、「無能力化」は「凍結」よりは進んだ措置であることは確かである。しかし、半年あるいは一年程度で再稼働が可能になると言われており、「解体」や「放棄」に比べて中途半端な措置と言わざるを得ない。[22]「実行性」、「安定性」という観点からは、「枠組み合意」の方が優れていたと言えよう。

†ブッシュ政権の八年間は何だったのか

残念ながら、ブッシュ政権の八年間の間に北朝鮮の核開発、ミサイル開発は進行し、事態は悪化したと言わざるを得ない。

ブッシュ大統領が就任した二〇〇一年初頭の段階では北朝鮮の黒煙減速炉、すなわちプルトニウムの生産は凍結されていた。そして、核兵器そのものは生産されていなかったであろう。ウラン濃縮計画については秘密裏に進んでいたであろうが、核兵器に転用できる高濃縮ウランは取得していなかったと思われる。弾道ミサイルに関しては一九九八年のテポドン発射以来、米朝でミサイル協議が行われ、モラトリアムが遵守されていた。

兵器級プルトニウムの増産とその兵器化を阻止していたのは、米朝間の「合意された枠組み」であり、それに基づく朝鮮半島エネルギー開発機構（KEDO）の事業であった。しかしブッシュ政権は、北朝鮮がウラン高濃縮計画を認めたとしてKEDOによる重油の提供を停止する。これが引き金となり、北朝鮮は二〇〇三年に入ってNPTを脱退し、黒鉛炉の運転を再開し、使用済み燃料の再処理、すなわち兵器級プルトニウムの抽出を敢行するのである。

問題は、この時点でブッシュ政権が安保理の決議を含め、何らの強硬措置を取らなかったことである。恐らくイラク戦争への突入で、それどころではなかったのであろう。クリントン政権時代の第一次核危機においては、北朝鮮が勝手に使用済み燃料棒を原子炉から取り出しただけで、過去の軍事転用の有無が確認できなくなるとして安保理に制裁決議案を提出し、軍事的措置の検討まで行った。その一方で、カーター元大統領が訪朝するという「圧力」と「対話」を絶妙に組み合わせる行動に出た。

つまり、クリントン政権は北朝鮮が踏み外してはならないレッドラインを明確にもうけていたと思われる。それはNPTの脱退であり、新たなプルトニウムの生産、抽出であった。

これに対し、ブッシュ政権は二〇〇三年の時点では結果的に北朝鮮の挑発的行動を座視しただけで、レッドラインは大きく後退してしまった。北朝鮮を「悪の枢軸」と非難するなど、かけ声は勇ましかった。また悪行に対しては報酬を与えない、北朝鮮とは二国間で対話しないといった方針を掲げ、対話に消極的であった。すなわち威圧的な修辞を除いては、「圧力」も

「対話」も不十分だったのである。

もっとも、目立たない形ではあったが、二〇〇五年の九月頃から米政府は、バンコ・デルタ・アジア（BDA）に対する規制措置を発動し、これが北朝鮮に対する事実上かなり効果的な金融制裁になったと考えられる。そして、このことが二〇〇六年のミサイル発射、核実験につながっていく。これに対し、安保理は各制裁決議を採択する。ブッシュ政権の「圧力」が強化され始めたのである。

しかしその直後の中間選挙で与党の共和党は議席を減らし、イラク戦争の泥沼化の責任を取り、いわゆるネオコンと称される強硬派が政権を去っていく。ここでブッシュ政権は対北朝鮮政策においても方針を大きく転換し、「対話」重視路線に切り替えていくのである。

二〇〇七年に入ると米政府は、北朝鮮の非核化に向けた具体的な成果を得ようと交渉を急ぐ。BDA問題を解決させ、六者会談の枠組みで二つの合意文書を作成し、寧辺にある核施設の無能力化に道筋をつけた。そして「無能力化」は、クリントン政権が追求した「凍結」よりも一歩進んだ措置であることを強調する。

しかしこの間、北朝鮮は追加的な兵器級プルトニウムを取り出し、核実験を実施し、この時点で少なくとも数個の核兵器を所有しているのではないかと言われている。弾道ミサイルの飛距離も伸びた。クリントン政権末期と比べると、事態は明らかに悪化したのである。

いずれにせよ、ブッシュ政権の政策は二〇〇七年の前と後で極端に変化してしまった。皮肉なことであるが、その間、一貫性を持って政策を追求したのは北朝鮮と日本であったと言える。

〔1〕Pritchard "Failed Diplomacy", Brookings, 2007. pp. 5-6.
〔2〕船橋洋一『ザ・ペニンシュラ・クエスチョン』朝日新聞社、二〇〇六年、一七四―一七六頁。もっともブッシュ大統領は、二〇〇二年二月の金大中大統領との共同記者会見で、「われわれは、北朝鮮を攻撃する考えはない」と明言している。
〔3〕四月初めの北朝鮮からの連絡に対する米側の返事が遅れた背景には、ブッシュ大統領が政策のさらなる「見直し」を求めたことがある。大統領は交渉が長引いて動きが取れなくなってはならないとし、対応を速めるため、北朝鮮が関心事項につき大胆な措置を取れば、より多くを与える用意があるとした。この新しいアプローチは以後「大胆なアプローチ」と呼ばれることになる。"Failed Diplomacy" 二五頁参照。
〔4〕前掲書二七頁。
〔5〕前掲書三九頁。
〔6〕Michell B. Reiss and Robert L. Gallucci "The Truth About North Korea's Weapons Program", "FOREIGN AFFAIRS" March/April 2005.
〔7〕鈴木勝也「北朝鮮を巡る情勢と日朝関係」『東亜』二〇〇四年三月号。
〔8〕"complete, verifiable and irreversible dismantlement" の略。
〔9〕鈴木勝也、前掲。
〔10〕北朝鮮より、従来からの主張である「凍結対補償」提案の詳細について、現在稼働中の核兵器関連

施設等が「凍結」の対象となること、凍結に対する「補償」として二〇〇万キロワット相当のエネルギー支援に米国が参加することが必要であること、「テロ支援国家」から北朝鮮を削除すべきこと等の説明・主張がなされた。これに対し、米国も、北朝鮮がすべての核計画を廃棄することを前提として、初期の段階において行うべき事項としてすべての核計画等を申告して停止し、それらを監視下に置くことなどを求めた上でこうした措置が実現するに従い、米国を含む関係国が暫定的な多国間の「安全の保証」を提供すること、長期的なエネルギー支援につき検討を開始することなどを提案した（『外交青書』平成一七年版参照）。

〔11〕米政府の立場は、北朝鮮がすべての核兵器と核計画を廃棄し、NPTとIAEAの保障措置を完全に順守するに至った後になって初めて、「適当な時期に」軽水炉提供問題について議論を行うことを支持するというものであり、この趣旨のステートメントが「共同声明」採択直後、ヒル次官補から読み上げられている。Pritchard 前掲書、一二三―一二五頁。

〔12〕米財務省の地球規模課題担当副部長を務めたレイチェル・L・ロエフラー氏は、「米国の金融機関にだけ適応される規制措置の可能性を発表しただけで、世界中の銀行がBDAおよび北朝鮮との取引をさし控えようとした」旨述べ、このような規制措置が北朝鮮、イランのような「ならず者国家」に効果的であることを示唆している（Rachel L. Loeffler "How the Financial System Can Isolate Rouges", "Foreign Affairs" March/April 2009）。このような動きをヒル国務次官補は知らなかったと伝えられているが、財務省の動きの背景に「ネオコン」などの強硬派が存在したかどうかは不明である。

〔13〕日本は同年九月、安保理決議第一六九五号の着実な実施の一環として既存の厳格な輸出管理措置に加え、北朝鮮のミサイル・大量破壊兵器開発計画に関連する一五団体・一個人を指定し、資金移転防止措置を実施した。

〔14〕北朝鮮への送金時、報告が必要な金額を三〇〇〇万円超から一〇〇〇万円超に、北朝鮮への現金持ち出しに、届け出が必要な金額を一〇〇万円超から三〇万円超とした。

〔15〕安保理による行動の形式は「対報道議長声明」「議長声明」「決議」があるが、後者になるほど重みが増す。この報道声明は安保理メンバーが、八月の北朝鮮の行為は地域の漁業および海運活動に危害をもたらし、域内諸国間の信頼醸成に逆行するとして懸念を表明するとともに、この発射が事前通報なしに行われたことへの遺憾の意を表明するものであった。

〔16〕この決議はさらに、これらの措置の遵守を確保するため、必要に応じて自国の国内法上の権限および国内法令に従い、かつ国際法に適合する範囲内で貨物検査を含む協力行動をとることを要請している。このいわば臨検などの措置は米国が強く求めたものであったが消極的な国があり、妥協として「必要に応じ、……自国の国内法上の権限……に従い」などの文言が加えられたため、結局骨抜きにされたと言える。

〔17〕盧武鉉政権が安保理決議第一六九五号および第一七一八号に従って具体的な措置を取った形跡はない。また盧武鉉大統領は核実験の直後、北朝鮮に対する包容政策の見直しを表明したが、衝撃が収まるにつれて包容政策の全面放棄はせず、軌道修正する。結局、金剛山観光事業や開城工団事業は続行され、盧武鉉政権の下でPSI(米国主導の大量破壊兵器拡散防止構想)に参加することもなかった。

〔18〕『日本経済新聞』二〇〇九年一月一八日付。

〔19〕鴨下ひろみ「朝鮮半島の動向」、『東亜』二〇〇九年一月号。

〔20〕二〇〇八年一〇月一二日付『読売新聞』。

〔21〕北朝鮮は寧辺の五メガワットの黒鉛減速炉に加え、五〇メガワット(寧辺)および二〇〇メガワット(泰川)の黒鉛減速炉を建設中であると言われ、「合意された枠組み」の文言を読めば、これら建設中の施設も「凍結」「解体」の対象であると解釈し得る。Larry A. Niksch "North Korea's Nuclear Weapon

Program" CRS Report RL33590 参照。
〔22〕無能力化には原子炉の中にある使用済み燃料棒の抜き出し、パイプ切断、燃料棒せん断装置の除去、燃料棒運搬用クレーンの撤去、制御駆動装置の除去など一一段階の工程があるとされる（二〇〇九年四月一七日付『毎日新聞』）。

第七章
小泉訪朝と拉致問題が支配する日朝関係

日朝首脳会談を前に、握手する小泉首相と金正日総書記
（2002年9月17日、平壌市内の百花園迎賓館、共同）

†第一次小泉訪朝――先遣隊として平壌に入る

夏が終わろうとする季節のある朝、ニューヨーク郊外の自宅から車を運転し、マンハッタンにある国連本部の駐車場に入ろうとしていたときである。東京の平松賢司北東アジア課長から携帯に電話があった。

「ニュース見た?」「いいえ。どうしたんですか? 突然」「総理が平壌を訪問することになったんだよ」。彼はそう言って、小泉総理の北朝鮮訪問を準備するため、先遣隊として至急平壌に飛んでほしいと依頼してきた。

寝耳に水であった。当時、国連代表部に勤務していた自分としては、近く国連総会が始まるし、総理来訪を準備する必要もあったため即答はできない。しかし上司の了解もあっさり得られて、数日後にはアンカレッジ経由の大韓航空機に乗り、ソウルを経て北京に向かっていた。

二〇〇二年九月七日、午前一一時三〇分発の高麗航空便は一時間遅れて北京空港を離陸し、一二時半頃に国境の鴨緑江を越え、平壌時間の午後二時前に順安空港に到着した。ほぼ四年ぶりの北朝鮮である。滑走路の周辺は緑の強い夏草が眩いばかりである。

空港の控室に入ると、北朝鮮側からは馬哲洙《マチョルス》・外務省一四局長他何人か顔見知りの職員が出迎えに来てくれていた。すでに先遣隊として北朝鮮に入っている山野内勘二・在韓国大使館参事官他、同僚もいる。わが方は韓国の公館や東京から外務省、関係省庁の職員が合流してかなりの人数になっている。準備を本格化させるということである。

馬局長と挨拶をかわし、総理訪朝を成功させるため、お互い協力しようと述べあう。北朝鮮側の強い意気込みを感じる。

わが先遣隊の準備室は、市内の高麗ホテルの一室にすでにセットアップされていた。山野内参事官以下、第一陣の面々の努力の賜物である。小泉総理一行を平壌に迎えるまであと一〇日、さっそく先方より、総理の宿舎としてぜひ「百花園」を使って頂きたいとの申し入れがあり、当方より本国に伝えると答える。「百花園」は一九九〇年、金丸信元副総理一行が泊まった宿舎であり、北朝鮮においては元首級の来賓を迎える最高級の迎賓館である。

私たちの相手は外務省一四局（日本担当）および儀典局であり、さっそく総理訪問準備のための具体的な打ち合わせが始まった。

九月一〇日には先遣隊の本部長として在英国大使館の梅本和義公使（元北東ジア課長）を迎え、さらなる増員を加えて先遣隊のメンバーは六〇名近くとなる。

国交がなく、信頼関係がない国にいきなり総理を迎えるということは尋常ではない。北朝鮮にはこれまで日本から政党の幹部や国会議員が訪問したことは何度かあったが、外務大臣の訪問すらなかったところに突然総理である。儀礼の確認を含め、その準備は容易ではない。外務本省は韓国をはじめとする友好国から、大統領や政府高官の訪朝の経験を下調べし、参考としたようであった。

私は拉致問題も含め、今回の総理訪問の背景についてほとんど知らされていない。単に日程、宿舎、通信体制、儀礼といったいわゆるロジスティック面についてのみ、準備に専念するよう指示されていた。そして実際、訪朝の実体面の準備については何も承知していなかった。

そういう状況で当時、平壌にいて特異に思ったのは本省から来る準備にあたっての基本的な指示である。とにかく実務的な訪問とし、華美にならないよう注意せよということである。そもそもが一泊せず日帰りであるうえに金正日とは食事をせず、飲食の提供を受けない。おにぎりや飲料など、すべて東京から持ち込むというのである。

金正日は演出が得意と言うので、本人が空港に出迎えたり歓迎食事会を受けたりすると、北朝鮮側のペースに巻き込まれるかもしれないという危惧があったのかもしれない。また拉致被害者について、事前に少なくとも一部の安否は明らかにされるという観測があったが、ひょっとしていいニュースだけではないかもしれないと東京は心配していたのかもしれない。とにかく当時、総理訪朝を控えて東京には大変な緊張感があった。

私たちが最も意を用いたのは通信体制の確保である。まずは本省との間で、秘匿のかかった電話・通信体制を確保する。大使館がないので当然のことである。そして当日、ホテル、宿舎、空港、車内、政府専用機といくつかの拠点に分かれて行動する私たち同士の通信・連絡体制を確保することである。北朝鮮では携帯電話の使用は許されていないが、固定電話だけでは不十分である。そのため私たちはインマルサット、イリジウム電話、携帯無線を持ち込み、事前に十分試験をして円滑な連絡体制の確保に努めたのである。

総理一行の来訪まで一〇日と結構な準備期間があったため、その間、平壌市内や郊外を散策し、視察する機会があった。これまで四回の自身の訪朝では見られなかった光景としては、市内の大通りに面した歩道で屋台のような簡易な出店があり、アイスクリーム、ソーダ、パンなどを堂々と売っている。外貨ショップでは韓国顔負けの激しい販売勧誘に直面し、閉口したりした。

また、市内の住民対象のいろいろな店にも顔を出す。品数は少ないが値段が表示してあり、中にはドル表示のものもある。ネギ一束一〇ウォン、アイスクリーム一〇ウォン、梨二〇〜三〇ウォン、ドーナツ一五個一ドル、パン類一五〜二五ウォン、ポロシャツ五〇〇ウォンといった具合である。月給がだいたい四〇〇〇ウォン、公式なレートが一ドル＝一五〇ウォンということであった。別途配給はあるのであろうが、決して安くはない〔1〕。

私たちの散策は自由であったが、店に顔を出すとときどき奇異な目で見られる。当局に通報が行くのか、何度か「頼むからあまりうろうろしないでください」と担当者から苦情を言われたこともあった。

†日朝首脳会談——金正日拉致を認める

九月一七日、当日の朝を迎えた。北朝鮮でも、数日前に金正日総書記に対する共同通信社長の書面インタビューが『労働新聞』の一面に掲載され、小泉総理を迎える雰囲気が盛り上がりつつある。七時過ぎに先遣隊としての最後の全体会議を行い、空港に向かう。

薄もやが徐々に晴れていく中、車窓から外を眺めると路傍にコスモスが咲いている。ときどき道路を掃除する人や警官の姿が見える。空港に着くとやや涼しく、天気晴朗、無風である。厳重な警備で、暫し付属の建物に閉じ込められて滑走路に出られない。ひょっとして金正日が現れるのではないかと気が気でない。政府専用機到着の直前に滑走路に出る。北朝鮮側の出迎え要人が金永南最高人民会議議長、金鎰喆《イルチョル》人民武力部長、金永日《ヨンイル》外務省アジア担当次官であることが判明する。最高級の歓迎体制である。

九時過ぎに政府専用機が着陸し、所定の位置に来て止まった。タラップが寄せられ、梅本本部長が機内に消え、小泉総理一行が姿を現した。歴史的瞬間である。田中均アジア大洋州局長、平松賢司北東アジア課長他、懐かしい外務省の面々をバスに案内し、一気に宿舎の百花園に向かう。

宿舎に一行が落ち着くと、田中局長他は即座に北朝鮮の事務方との打ち合わせに向かう。間もなく担当者が何やら朝鮮語で書かれたリストを持ち、控室に戻ってくる。拉致被害者の安否が記されたリストである。数名の職員が生存者の確認やリストの翻訳などに駆り出される。私は朝鮮語ができるということで、北朝鮮側との日程運営の連絡役に専念することになる。

首脳会談の一時間前に国防委員会の儀典長が現れ、両首脳の初対面の仕方、首脳会談の段取りにつき説明を受ける。金日成のときから一貫して儀典長を務めてきた冷静沈着な人物である。私たちはこれまで北朝鮮外務省といろいろな打ち合わせをしてきたが、当日になって儀典にせよ警備にせよ、国防委員会関係者と称する人物が現れて仕切り始めた。初めて聞く話もあれば、事前の段取りと違うこともある。これまでの準備は何だったのかと釈然としない。

慌てて最終的な手順を総理一行に説明する。やがて金正日国防委員長が百花園に現れ、小泉総理と対面した。二人の表情は硬い。そして一一時から首脳会談が始まった。一回目の会談は予定より短く、一二時頃に終わった。

休憩の間も総理他関係者の雰囲気は重い。第二回目の会談は午後二時過ぎから三時半頃まで続く。控室に入ると小泉総理は一人無言のままである。実はその後、さらに非公式の首脳会談が予定されていたが総理は「もう会わなくていい」と指示し、「日朝平壌宣言」の署名へと移った。もちろん乾杯などない。

私たちはその後、慌ただしく百花園を後にして、準備本部とは別の総理控室がある高麗ホテルに向かった。そして小泉総理による記者会見が夕方行われ、すべてが明らかになる。旧知のある同行記者が「日朝平壌宣言」を見てこう呟いた。「なんだ、これは北朝鮮のべた降りじゃないか」。私もまったくもってそうだと思った。

拉致問題について金正日が率直に認め、謝罪したことはこれまでの北朝鮮の頑なな拒絶を思えば一大転換である。しかし五名の生存が確認されたとはいえ、八名が死亡とされたことはあまりにも惨い。日本で朗報を心待ちにしていた家族の心情を思うといたたまれない。

一週間以上にわたる準備と当日の修羅場を経て、午後八時過ぎに政府専用機に乗り込むと、疲れとともに虚しさと侘しさが込み上げてくる。外交に「感傷」は禁物であるが、自分もやはり生身の人間である。この歴史的な訪朝をどう評価すればいいのか、複雑な気持ちになった。

†北朝鮮はなぜここまで譲歩したのか

冷静かつ客観的に第三者の立場で見ると、小泉訪朝の成果は大きかったと評価できるし、それが世界の評価でもあると思う。

「日朝平壌宣言」の中にはかなりの部分、日本側の主張が取り入れられている。いわゆる過去の金銭的清算の問題については、北朝鮮側が主張してきた「賠償」や「補償」、「償い」といった概念は言及されていない。日本が韓国との間でたどった方式、すなわち財産・請求権を相互に放棄し、正常化の後に日本側が有償・無償の経済協力を行うという基本的考え方を北朝鮮側が受け入れた。これは日本にとって大きな成果である。

また、核やミサイルの問題について北朝鮮は従来、これは米国と交渉する問題であるとして日本や韓国と協議することを嫌ってきた。この宣言では北朝鮮側に、核問題の包括的な解決のため、関連するすべての国際的合意を遵守することを確認させ、ミサイル発射のモラトリアムを二〇〇三年以降もさらに延長していく意向を表明させることに成功した。

もちろん紙の上での政治的約束と実行とは別であり、しばしば北朝鮮は文書での約束を履行してきていない。しかし日本の総理と金正日国防委員長が、このような内容を盛り込んだ文書に署名した意義は大きい。

首脳会談の場で金正日が拉致事件について事実を認めて背景を説明し、謝罪して再発防止を約束する。このことは彼の立場からすれば、清水の舞台から飛び降りるような思い切った譲歩であったに違いない。これに加え、金正日国防委員長は不審船の問題についても認め、今後こうしたことは起こらないと述べた。

小泉総理は金正日に対し、六者協議の重要性を説いたとされるが、これが後に六者会談の実現に結びついた可能性があろう。

このような成果は一九九〇年の金丸訪朝以来、何度となく行われて来た政治家の訪朝あるいは政府間の交渉・接触では得られなかったものである。なぜ金正日はここまで譲歩してきたのであろうか。

一つには北朝鮮がブッシュ政権の強硬姿勢を恐れ、米国の友好国である日本をまず取り込み、米国との関係改善の糸口を探るという意図があったと考えられる。あるいは、米国の対テロ戦争の標的となることを避ける意味合いもあったと思われる。米国は前年の一〇月には九・一一を受け、アフガニスタンへの武力行使を開始する。そしてこの年の一月には北朝鮮を「悪の枢軸」の一つとして名指しし、敵意をむき出しにしていた。米国の次の標的はイラクであったが、北朝鮮が深刻な脅威を感じていたとしても不思議ではない。

北朝鮮側から日朝首脳会談への打診は、少なくとも二〇〇一年一月の時点であった。[2] 二〇〇〇年に入ると、それまで表舞台に出なかった金正日が中国を訪問したり、プーチン大統領や金大中大統領を平壌に迎えたりして活発な首脳外交を始める。日本との首脳外交も、かかる外交攻勢の一環として位置づけることができる。

また、もちろん経済的な理由もあろう。同じ年の七月から北朝鮮において一連の経済管理改善措置が取られたことから、これと小泉訪朝を結びつける議論もある。[3] しかし一方で、この措置は闇市場の拡大や配給制度の破綻という事態に対処するため、対処療法的に取られた措置に過ぎないという見方もある。[4] そもそも資本とインフラが不足しているという北朝鮮経済の根本的な問題は今に始まったわけでなく、過去何十年と続いている問題である。そういう意味では北朝鮮としては、いつでも日本からの大量の資金を求めていると言える。

何よりも国民的な支持基盤の固い小泉総理が金正日国防委員長と直接首脳会談を行い、そのための準備を小泉総理から委任された外務省幹部が秘密裏に北朝鮮側と進めたという、会談と交渉の構造が効果的だったのではないだろうか。金大中大統領やプーチン大統領が日本の総理に勧めたように、やはり北朝鮮のような国と談判するには直接トップ同士で談判するのが最も効果的なのであろう。

この関連で、日本側が秘密裏に進めた交渉が北朝鮮側をかなりその気にさせたのではないだろうか。正常化の際の経済協力の規模について、日本側から金額を示したことはないと伝えられている。しかし拉致問題を解決し、小泉訪朝が実現すればかなり早い時期に正常化が実現し、その後、かなりの額の資金が北朝鮮側に流れてくる。そういう心証を北朝鮮の交渉者は持ったのではないだろうか。このあたりの具体的な交渉のやり取りはそう簡単には明らかにならないと思うが、そうでなければ金正日があそこまで譲歩したであろうか。それだけ日本側の交渉術がうまかったと言えるかもしれない。

北朝鮮と思いきった関係改善をしようとすると、邪魔が入ることが多い。一九九〇年代の日朝交渉は、南北対話を優先する韓国や核問題を優先する米国との関係で円滑に進まなかった側面がある。この点、二〇〇二年の時点で韓国の大統領は金大中氏であり、日朝関係の正常化を大いに歓迎していた。

一方でブッシュ政権は北朝鮮に懐疑的であり、政権の一部に小泉訪朝を快く思わなかった人たちがいた。それでも小泉総理とブッシュ大統領との個人的な友情が功を奏し、米国が障害になることはなかった。もっとも前述の通り、総理訪朝直後に北朝鮮による濃縮ウラン計画が明るみに出る。拉致問題に対する世論の硬化と相まって、日朝正常化に向けた環境は極度に悪化することになるのである。

†世論の硬化と副作用

以上のように小泉訪朝の結果は十分評価できるものであったが、日本国内の世論の反応はそう単純ではなかった。たとえば『朝日新聞』が訪朝直後に行った世論調査によると、日朝首脳会談を評価する人は八一％にのぼり、正常化交渉の一〇月再開についても「賛成」と答えた人の割合は五八％で内閣支持率は六一％に上昇した。[5]

しかしながら拉致問題に対する国民の評価は厳しかった。同じ世論調査で「拉致をめぐる北朝鮮側の対応を納得できない」とした者の割合が七六％に及ぶ。『読売新聞』の調査によると、拉致事件の全容解明が国交正常化の前提条件だとする意見が九割を超え、北朝鮮と「正常化すべきだが急ぐ必要はない」と答えた人が六八％で最も多かった。

テレビ映像の影響力はかなり大きかったと思われる。拉致被害者の家族は、総理訪朝に前後して色んな情報や報道に翻弄される。直前には有本恵子さんと他男性二名について帰国が認められるといった報道が一部なされたが、結果は八名死亡という暗澹たるものであった。泣き崩れ、悲嘆にくれる家族の映像が繰り返し流され、新聞の論調、世論に影響を与えた。

翌日の『朝日新聞』は社説で正常化交渉を再開することを支持したが、拉致についての真相究明は不十分であるとして、北朝鮮にさらに拉致の全容を明らかにするよう迫るべきであると主張している。『読売新聞』は拉致は未解決であるとし、日本は原則的立場を堅持して安易に妥協せず、焦らず交渉に当たるべきと訴えた。『日経新聞』は拉致に関する北朝鮮の説明に疑問を呈し、同じく国交正常化を急ぐべきでないとしている。[6] 訪朝の成果を正当に評価する論調は皆無であった。

その後、メディアが拉致問題を中心に大量の報道を流し、北朝鮮に対する強硬な世論を形成していく。そして、政治と外交がその世論に手足を縛られるという状況が生じていく。[7]

二〇〇二年一〇月、生存が確認された五名が帰国を果たした。北朝鮮当局との間では一時帰国という了解であったが、強硬な国内世論を背景に五人を北朝鮮に戻すべきではないとの主張が力を得て、日本政府の判断として彼らを日本に留めることとなる。

その後五名の家族、計八名の帰国が当面の重要課題となる。北朝鮮は約束通りいったん五人を北朝鮮に戻すことが先決であるとの立場に固執し、双方の主張は平行線をたどることになる。日朝国交正常化交渉は「日朝平壌宣言」に従い、一〇月にクアラルンプールで開催された。一二回目の本会談である。しかし日本が重視する拉致問題と核問題について進展がなく、さらには国内の厳しい世論もある。北朝鮮側が次回会合の開催を急ぐのに対し、日本側としてこれに応じるような状況ではなかった。これにより、小泉訪朝によって扉が開かれた国交正常化への道はいったん閉じられる。今後は拉致問題の解決を軸に、二〇〇三年八月から開催される六者会談の絡みで日朝交渉が行われていくことになる。

†第二次小泉訪朝――再び先遣隊として平壌へ

二〇〇四年五月の中旬、伊藤直樹北東アジア課長から連絡が入る。小泉総理が再度訪朝することになったので、先遣隊として平壌に行ってほしいということである。前回は現地準備本部の副本部長だったが、今回は本部長としてである。

そのとき、済州島で開催されていたアジア開発銀行総会へ、ソウルの日本大使館から出張に来ていたが、これを早々に切り上げる。週末に帰国し、本省に行って藪中三十二アジア大洋州局長他本省の幹部と打ち合わせを行う。

今回はいかにも急である。決定から実際の総理訪問までほぼ一週間しかない。

五人の生存者が帰国してからすでに一年七カ月が過ぎていた。彼らの家族八名は平壌に残されたままであり、焦燥感が募る。「死亡」あるいは「入国の形跡なし」とされた一〇名の拉致被害者の安否確認、真相究明も急務であった。しかし北朝鮮側との交渉は平行線をたどる。

外務省も二〇〇四年に入って北朝鮮側と交渉を本格化させるが、思わしい反応は出てこない。一方で、自民党の山崎拓議員や平沢勝栄議員が二〇〇三年の終わりから北朝鮮側の責任者と会い、独自に八名の家族を連れ戻すための折衝を行っていた。別途、飯島勲総理秘書官が朝鮮総連のルートで小泉総理の再訪朝を打診していたとされる。このようにバラバラの交渉ルートが存在したことは、第一回目の訪朝準備の際、田中アジア大洋州局長と北朝鮮側のカウンターパートとの間に存在した信頼関係が崩れたことを物語っている。

北朝鮮との交渉のあり方として、これは望ましい構図ではなかった。与党・政府の大方は総理自身が家族を出迎えるため、再度訪朝することには慎重ないし反対であった。しかし小泉総理は慎重論を押し切り、飯島秘書官の交渉ルートを通じて改めて平壌を訪問することを決断し、外務省にその準備をするよう指示したのである。

平壌に残された八名の家族のうち五名、すなわち蓮池さん夫妻と地村さん夫妻の子供達の帰国は確保できている。曽我ひとみさんの家族、すなわちチャールズ・ジェンキンスさんと娘二人については実際に総理が行ってみないことには結果がわからない状況であった。拉致被害者一〇名の安否確認・真相究明についてはどこまで成果が得られるか見通しが付かない。成果に対する国内世論のハードルは日増しに高まり、私たちは難しい状況に置かれていた。

五月一七日に他の先遣隊メンバーとともに北京入りし、日本大使館で初めての打ち合わせを行う。緊張の面持ちのメンバーの前で「中三日の短い準備期間なので報告・連絡・相談を徹底し、前例を活用して無駄を排した効率的な準備をしよう」と訴える。さらに当日の体調を万全にし、反射神経でいかなる状況にも対応することの重要性を強調する。

翌一八日、平壌の順安空港に到着すると旧知の宋日昊氏が出迎えに出ていた。彼は外務省の担当副局長として、日朝関係を取り仕切る実務責任者となっていたのである。

総理を迎える準備は短期間であったが順調に進む。日本側の先遣隊員は計約六〇名である。大半は二〇〇二年の小泉訪朝を経験しており、北朝鮮側も担当者はほとんど同じで要領を得ている。ただ今回は、先方から準備のために局長や副局長が出てくることはなく、実務に長けた担当官が対応する。準備は実務的に淡々と進んでいった。

懸案は拉致被害者の家族、最大八名を連れて帰るオペレーションである。彼らといつどこで落ち合うか、本人確認をどうするか。北朝鮮側はまったくと言っていいほど手の内を明かさない。

家族の担当責任者は北東アジア課の垂秀夫室長である。彼はいくつものシナリオを作り、担当官の貼り付けを考える。要所要所に担当官を張り付けなくてはいけないので、どんどん増員する。「最終的には出たとこ勝負だ。臨機応変に反射神経を磨いて対応するしかない」ということに落ち着く。

藪中局長とは秘匿のかかった電話で毎日のように連絡を取り、こちらの準備状況を説明する。

九月一七日の朝が来た。準備本部のある高麗ホテルを出て空港に着くと、会談場所の「大同江迎賓館」に先乗りした先遣隊員から「ジェンキンスさん家族と思われる人がいる」との連絡が入り、緊迫感が高まる。

九時過ぎに小泉総理一行を乗せた政府専用機が平壌の空港に着陸する。北朝鮮側の出迎えは金永日アジア担当次官である。今回は二回目の訪朝であるためか、すべて実務的に物事が進んでいる。タラップが横づけされると分厚い絨毯を踏んで機内に入り、総理に挨拶して「ジェンキンスさん家族が宿舎に待機しているようです」と報告する。

会談は一一時から始まった。金正日委員長が中に入り、いったん首脳会談が始まると会場の

「大同江迎賓館」には猫一匹出入りを許さないという厳重な警備体制が敷かれる。そんな中、同行取材班の一人が冒頭取材の後に出遅れ、迎賓館に閉じ込められてしまった。すぐホテルに戻らなくてはいけないが、出してもらえないと言ってちょっとした騒ぎになっている。国防委員会の儀典長と警護室長にかけ合い、何とか脱出させてもらう。

一時間半程度で首脳会談が終わると、総理は同じ迎賓館の別室に待機していたジェンキンスさん親子三名と対面し、一時間にわたり「一緒に帰国しましょう」と粘り強く説得する。米国で「脱走兵として」裁かれることを恐れる相手に、曽我ひとみさんのビデオメッセージを見せ、「総理として米国に引き渡されないよう保証する」と書かれたメモを手渡すが、功を奏しなかった。家族は何よりも北朝鮮当局を恐れていたのである。

別室から出てきた小泉総理は明らかに落胆しており、結果は聞くまでもなかった。結局、ジェンキンスさん一家は後日インドネシアで再会し、日本への帰国が実現することになる。

その後、総理一行は記者会見のため高麗ホテルに移動するが、このパターンは前回と同じである。

すべての行事を終え、空港へバスで移動している時に垂室長に連絡し、五名の子供達の状況を尋ねると、電話口から彼の悲痛な叫びが聞こえてきた。

私が「おい、どうなっているんだ。五人の身柄は確保したんだろうな」と聞くと、「それどころじゃありません。五人の居場所すら確認できません。北朝鮮の担当者は権限がなく、まったく役に立たない。状況はどんどん悪化しています」という答えが返ってきた。

垂室長のチームは空港にいる。とにかく私たちも空港に行って加勢し、五人を確保しなくてはいけない。ようやく空港に到着し、チームと落ち合う。どうも子供たちは空港ビルの一室にいるようであるが、警備陣が取り巻いており、中に入って確認できない。

手当たり次第、北朝鮮側の係官に強硬に申し入れるが、「権限がない」という一点張りで埒が明かない。私たちは「誰だ、北朝鮮側の責任者は！」と苛立つ。空港には金永日次官がいた。藪中局長が金次官に駆け寄り「五人の家族を専用機に乗せないと、総理は出発しないぞ」と言い、ようやく事態が打開される。

空港の建物から五人の子供たちが荷物を持って階段を降りてきて、それを先遣隊のメンバーが先導する。各紙で大きく報じられた場面である。遠くから見ていたが、堪えてもぐっと目に熱いものが込み上げてくる。彼らは、専用機の後方に待機する予備機の方に向かってしっかり歩いていく。赤い夕陽が長い影を作っていた。

無線で五名がきちんと予備機に搭乗したことを確認し、その旨を総理一行に伝えると専用機はようやく動き始めた。いろいろ厳しい批判はあるかもしれないが、本当によかった。私は心からそう思った。

†拉致被害者家族の帰国

ただ、日本国内の状況はそう甘くはなかった。小泉総理は帰国した夜、拉致被害者や家族などと都内のホテルで面会し、訪朝の報告を行う。その場で参加者から厳しい批判が浴びせられた。「予想していた範囲の最悪の結果」、「五人の帰国と食糧支援を引き換えたのではないか」など、次々と厳しい言葉が飛び出す。

これに対して総理はじっと意見を聞いたうえで「責任はすべて私にある。批判はすべて甘んじて受ける」と語った。安否不明者一〇名の真相究明については「私が訪朝しない限り、扉は開かないでしょう」と反論し、「先方が箸にも棒にもかからない状況から見て、訪朝しなければ家族の帰国もなかった」などと訴えた。[8] この厳しいやり取りは一部始終放映される。しかしこれを見た視聴者の多くは「わざわざ訪朝した総理にあんまりではないか」と参加者の対応を批判した。

一方で、同じく同日夜に帰国した五人の子供たちが両親と再会し、バスに乗り込む様子がテレビに映し出され、訪朝の成果を印象付けることになった。

この二回目の小泉訪朝をどのように評価すればよいのか。確かに、第一回目の訪朝のときのような劇的な成果はない。しかし拉致被害者の家族五名を連れ戻し、追って残り三名の帰国に道筋を付けたことは前回の訪朝の成果を完結させるものとして評価される。残りの安否不明の被害者については、金正日から「白紙で再調査する」と約束させたことも一歩前進と言えよう。

前回の訪朝では日本側から一切の援助を行わなかったが、[9] 今回は人道目的とはいえ二五万トンの食糧、一〇〇〇万ドル相当の医療品の支援を表明した。このことが、五人の帰国の見返りに支援したのではないかとの批判を招くことになる。

核問題について小泉総理は、金正日国防委員長に対して、核兵器開発を放棄することによって北朝鮮が得られる利益は限りなく大きいことを粘り強く説得したが、残念ながら十分な理解は得られなかった。核問題は、前年八月に始まった六者会談にその解決を委ねていくことになるのである。

今度の訪朝には、その年の七月に予定されている参議院選挙を念頭に、与党の支持率を上げるという政治的思惑があったという指摘が数多くなされた。[10] しかし一回目の訪朝に比べて大きな成果は期待できず、事前に国内世論の反応が十分読めなかったことを思えば、この訪朝は小泉総理にとって大きな賭けであったと言えるだろう。

実際には世論調査の結果、再度の訪朝を「評価する」と答えた人は六七％にのぼり、また、内閣支持率も四割台から五四％に上昇する。[11] もっとも、この北朝鮮訪問が参議院選挙にプラスに作用したかと言えばそれは定かではない。

†最重要課題として浮上する拉致問題――「対話」か「圧力」か

その後の動きを整理すると、まず拉致が前面に出て最優先課題となっていく。核開発問題やミサイル問題といった日本国家の安全にかかわる重要問題よりも、「日本の主権および国民の生命と安全にかかわる重大な問題」として拉致問題がより重視されていく。

この傾向は二〇〇二年九月の小泉訪朝の直後から始まったとは言え、小泉総理は二〇〇四年の二回目の訪朝の時点では「北朝鮮と正常な関係を持っていくのが私の役目だ」と述べ[12]、正常化への意欲を持っていたと思われる。しかしその後、拉致問題の比重がさらに増し、次第に身動きが取れなくなっていく。

つまり日本側は北朝鮮側と交渉するたびに、①すべての拉致被害者の安全確保と即時帰国、②真相究明、③拉致容疑者の引き渡しなどを強く要求する。これに対し北朝鮮側は拉致問題は解決済みであるとし、日本から制裁が課された後は制裁解除を要求する。このような平行線が続くだけであった。

金正日が拉致問題の存在を認め、謝罪する前までは日本国内で「拉致問題」は存在しつつも、北朝鮮の核問題に対処するため日本が応分の負担をすることにつき、国民の理解は得られていた。すなわちKEDOへの支援である。しかしその後、少なくとも現時点においては「拉致問題」の進展がない状況で、非核化のためとはいえ、日本が北朝鮮に財政的支援を行える状況にはない。

思い切って「拉致」を認めた金正日にとっては何とも皮肉な展開である。彼は再度訪朝した小泉総理に「事態が複雑化したのに失望した」と述べており、日本に対して裏切られたという気持ちを有していると見られる。しかしそれが日本の政治的現実であり、その後の北朝鮮側の態度が建設的でないことに問題があるのである。

二点目として、世論がどんどん強硬に傾く。特に金正日国防委員長の「白紙に戻して徹底した調査を行う」との約束に基づき、三度にわたり日朝実務協議が行われ、日本側による現地訪問が行われたにもかかわらず、北朝鮮側の結論は「八名死亡、二名は入境を確認せず」で変わりはなかった。のみならず、横田めぐみさんの「遺骨」として北朝鮮側から提供された骨から別人のＤＮＡが検出されるに至り、日本の世論はさらに硬化する。

このような世論を背景に「圧力」重視の政策がとられていく。改正外国為替法（二〇〇四年二月）、特定船舶入港禁止特別措置法（同年六月）、改正船舶油濁損害賠償保障法（二〇〇五年三月施行）、北朝鮮人権法（二〇〇六年六月）といった法律が成立し、圧力が加えられていった。

それでも小泉総理は「圧力」とともに「対話」も重視した。

しかし二〇〇六年のミサイル発射（七月）、核実験実施（一〇月）により強硬路線が決定的になる。ミサイル発射を受け、我が国は万景峰九二号の入港禁止、航空チャーター便の乗り入れを認めないなどの措置を取り、さらに国連安全保障理事会決議第一六九五号に基づく措置をとった。また核実験実施を受け、すべての北朝鮮籍船舶の入港を禁止し、北朝鮮からのすべての品目の輸入を禁止するとともに、安保理決議第一七一八号に基づき、北朝鮮への「奢侈品」の輸出禁止等措置を実施することになる。

ちょうどこの頃、二〇〇六年九月に安倍内閣が発足し、拉致問題対策本部を設置することにより拉致問題を最重視する姿勢を鮮明にする。加えて、拉致容疑事案の実行犯として北朝鮮工作員の辛光洙などを次々と特定し、逮捕状の発布を得て国際手配を行うなど「圧力」重視の政策を取った。しかし二〇〇六年二月の日朝包括並行協議以降、翌二〇〇七年に入るまで、日朝間ではまったく対話が途絶えた状態が続き、結果的に拉致問題の進展は見られなかった。

三点目としてメディア、世論は二〇〇三年をピークに、徐々に拉致や北朝鮮への関心を失っていく。二〇〇七年になると北朝鮮関連の報道は二〇〇二年の小泉訪朝以前の水準にまで減少してしまう。[13] 核実験や横田めぐみさんの夫とされる金英男氏の記者会見など、目に見えるドラマチックな動きがあればともかく、そのような事例がなければ報道の量は減り、世論の関心も低下する。特に拉致問題については、新しい動きがほとんどなくなってしまった。

このような状況の中、拉致問題への厳しい姿勢で一時期支持率を上げてきたといわれる安倍

（第一次）政権は、小泉総理のように拉致問題の進展や北朝鮮訪問などで支持率をさらに引き上げる機会を持てなかったと思われる。〔14〕

†六者会談に組み込まれる日朝交渉

もう一つの大きな流れは、日朝対話が六者の中に組み込まれたということである。六者会合は二〇〇三年八月に第一回会合が開催され、翌年二月に第二回会合が開かれたが、その際日本は、拉致問題解決の重要性についても提起している。また、いずれの会合でも別途、日朝接触の機会を持った。もともと六者会合の中で、あるいはその機会に別途日朝間で協議を行うことは、少なくとも日本にとっては自然な流れであった。

二〇〇五年九月に第四回六者会合が「共同声明」を採択した際、その中で核の問題に加え、米朝関係とともに日朝関係についての一文が盛り込まれる。すなわち日朝両国は「平壌宣言に従って、不幸な過去を清算し懸案事項を解決することを基礎として、国交を正常化するための措置を取ることを約束した」との文言である。

これは基本的に日本側が挿入を強く求めた結果、実現した一文であるとされている。日本としては核問題だけが進展し、日朝間の懸案の解決、なかんずく拉致問題が取り残されることを恐れたのである。六者協議、核問題を進めていくためにも拉致問題の解決が必要であった。

ちなみに日本は同年一一月に開かれた第五回六者会合で、次のような提案をしている。①核廃棄・検証、②経済・エネルギー支援、③二国間関係――からなる三つの交渉分野を設け、迅速かつ並行して包括的に実施する。[15] ここで重要なポイントは、日本にとっては二国間関係は拉致問題の解決であり、これを他の分野と「並行」して「包括的」に実施することである。「拉致」が切り離されてはならず、核問題が進展して北朝鮮に経済・エネルギー支援がなされる場合でも、そのときには「拉致問題」も進展していなくてはならない。しかし、その心配は後に現実のものとなる。

このような日本の基本的な考え方はその後、六者会談で採択される重要文書でも反映されることになる。

二〇〇七年二月に採択された「初期段階の措置」では「共同声明」と同じ文言を踏襲し、最後に「二者間の協議を開始する」と付け加えた。また「日朝国交正常化」を含む五つの作業部会の設置についても合意する。興味深いのは、「五つの作業部会で策定された諸計画は、全体として、かつ、調整された方法で実施される」と明記されたことである。ここにも日本側の考え方がにじみ出ている。

同年一〇月に発表された「第二段階の措置」では、直前に開かれた第二回日朝作業部会がよい雰囲気で行われたことを踏まえ、日朝が「両者間の精力的な協議を通じ、具体的な行動を実施していくことを約束」したことが明記された。

以上のように、拉致問題の解決を含めた日朝関係を六者会合の中に位置づけたことは、核問題の解決に合わせ、拉致問題も解決させるという点で有意義であると考えられる。米韓中露がこのような日本の立場を理解し、拉致問題など日朝間の諸懸案を進展させるよう北朝鮮に圧力をかけてくれれば効果的であるが、ことはそう単純ではない。

たとえば米国は、テロ国家指定解除を進めるためにも拉致問題の進展が必要であるとして北朝鮮側に働きかけてくれた時期があった。しかし結局、ブッシュ政権の終わりが近づいてくる状況で具体的な成果を焦り、指定解除を先行させてしまう。

韓国に至っては盧武鉉政権の時代、六者協議の場で拉致問題の提起に公然と反対の態度を表明することもあった。南北関係を優先させ、北朝鮮を刺激させないためである。そうなると、そもそも「六カ国協議は拉致問題を話し合う場ではない」との立場を堅持する北朝鮮が勢いを得てしまう。

特に核施設の無能力化と核計画の申告の見返りとして、北朝鮮への経済・エネルギー支援が行われることとなっている。日本が拉致問題の解決がなされていないことを理由にこの支援に参加しないことを一部の国が非難し、日本は苦しい立場に追い込まれることもあった。

もっとも、拉致問題など懸案事項の解決を含めた日朝関係が六者会談の成果文書にきちんと位置付けられていなければ、見返り支援に参加しない日本への風当たりはもっと強くなったであろう。

ここで、拉致問題と米国の関係について簡単に触れておきたい。

二〇〇二年の小泉訪朝以降、拉致被害者の「家族会」とこれを支援する「救う会」や「拉致議連」は拉致問題解決に向けた「圧力」構築の一環として、ブッシュ政権との連携強化を模索する。

米政権の高官と接触して拉致問題の重要性を強調する。それは二〇〇六年四月、横田めぐみさんの母親とブッシュ大統領との面談として結実する。同時に「テロとの戦い」を標榜する米政権に対し、「拉致」=「テロ」であるとの議論を展開し、その結果、国務省の「国際テロ年次報告書」で拉致問題の存在が言及されるに至る。[16]

ブッシュ政権一期目の当時、政権内ではいわゆる「ネオコン」の影響力が強く、小泉訪朝後、日本が核問題を疎かにして北朝鮮との正常化を急ぐことを懸念する向きもあったのであろう。米側は「家族会」などの要望に同情を示し、できるだけ耳を傾け、これをもって日本政府の動きにブレーキをかける材料にしたとも考えられる。

しかし米政府は、「拉致問題」の解決を北朝鮮のテロ支援国家指定解除の条件に定めたことは一度もなかった。「めぐみさんのお母さんがもう一度娘を抱きしめられるようにすべきである（ブッシュ大統領）」という同情の言葉はあったが、それが政策と実践につながることはなかった。

その後、二〇〇六年一一月の米中間選挙を経てブッシュ政権は北朝鮮との対話路線に転換する。翌二〇〇七年二月の六者会談の成果文書において、北朝鮮の「テロ支援国家指定を解除する作業を開始する」ことを約束する。そして二〇〇八年一〇月、北朝鮮から核計画の申告がなされたこと、一連の検証措置について米朝間で合意が得られたとして、米国はテロ支援国家指定を解除し、対敵通商法の適用を終了してしまう。

†再び扉が開くか？

二〇〇四年五月の小泉総理再訪朝の後、六者会談の機会あるいは別途、日朝間で様々な交渉が行われてきた。そのつど雰囲気のよいとき、悪いときがあり、一時は北朝鮮側から期待を持たせるような言動がなされたこともある。結局は「拉致問題」の進展という点からは、何らの成果もなかった。

そういう中で二〇〇八年の六月に初めて動きが出てきて、六者協議でも動きがあった。北朝鮮が遅ればせながら「核計画の申告」を提出し、これを受けて米国が北朝鮮のテロ支援国家指定を解除する意図を議会に通報した頃である。

同じ六月に開かれた日朝実務者協議において、北朝鮮側は、「拉致問題は解決済み」との従来の立場を改め、拉致問題に関する調査のやり直しを表明したのである。

そして八月には拉致問題に関する全面的な調査の具体的態様に合意する。北朝鮮側の調査の対象者はすべての拉致被害者とし、可能な限り秋に調査を終了することとされた。これに対し、日本側は北朝鮮が調査を開始すると同時に、人的往来および航空チャーター便の規制解除を実施する用意があることを明らかにする。なお、六月の協議で北朝鮮が明らかにした、「よど号」関係者の問題解決のための協力については、その後北朝鮮側が撤回したので、日本側としても人道支援物資輸送目的の北朝鮮籍船舶の入港許可を撤回し、これらは今後改めて協議されることとなる。

この調査について日本国内では疑問を呈する向きがあり、一部の制裁緩和は調査の結果を見極めてから判断すべきとの慎重な意見が多かった[17]。しかし北朝鮮側は形だけの調査ではなく、生存者を発見し、帰国させるための全面的な調査であることを認めていた。実際、生存者が出てくる可能性は十分にあったのではなかろうか。

しかし九月に入ると、北朝鮮側から突然、調査開始を見合わせることとしたという連絡が入る。日本で政権交代が行われることになったことを受け、新政権が実務協議の合意事項にどう対応するかを見極めるというのである。開きかけた扉がまた閉じてしまった。

そもそも二〇〇八年六月の時点で、小泉総理の第二次訪朝以来、四年にわたって「拉致問題は解決済み」と主張してきた北朝鮮がその立場を変えたのはなぜなのか。また、北朝鮮は本気で調査し、幾人かの生存者を帰国させるつもりだったのであろうか。そしてなぜ九月になって突然、調査を見合わせたのか。

謎は多い。最初の点については、米国から北朝鮮への強い働きかけが背景にあったのであろう。さらに「対話」を重視する福田康夫政権が相手であったということも、北朝鮮が考慮した可能性はある。核計画の申告→テロ支援国家指定解除→拉致問題進展→日本の制裁緩和といった好循環を北朝鮮は思い描いたかもしれない。

しかし、どうしてその機会の窓は閉じられたか？　福田政権から麻生太郎政権への交代が真の理由であったとは、とても思えない。日本側は政権が代わっても、合意を実施する方針には何ら変わりはないと北朝鮮に伝えてきたからである。

ここは、金正日が八月に脳疾患で倒れたことと関係があるのではないだろうか。こういった国内の危機的なとき、北朝鮮は弱みを見せることを嫌がる。リスクを取ることを避け、むしろあえて強硬な対応に出ることもある。そういうことで、彼らにとってリスクのある再調査を避けることになったのではなかろうか。

いずれにせよ、北朝鮮が拉致問題についてカードを握っている可能性が十分にある。二〇〇九年四月現在、日本政府が認定している日本人拉致事案は一二件一七名であり、うち一二名がいまだ帰国していない。北朝鮮は一二名のうち八名は死亡し、四名は入境を確認できないと主張している。これらの被害者が生存して出てくる可能性があるかどうかは定かではない。

政府が認定している被害者以外にも、いわゆる「特定失踪者」を含め、北朝鮮によって拉致された可能性を排除できない人々がいる。北朝鮮側は、このような人達の帰国も含め「カード」を握っている可能性があるのではないか。

北朝鮮はこの「カード」をいつ、いかなる状況で切ってくるのか。日本側としてどのようにこの「カード」を出させるのか。米韓そして中国とも緊密に協議しながら、わが国として対応を考えておく必要があろう。

「拉致問題」の解決とは何か。定義は難しいが何をもって解決とし、幕を引くのか。これは被害者家族の心情もあるため、政治的にも困難な問題であろう。

しかし仮に「拉致問題」が解決される、あるいは大きな進展を見せれば、日朝関係が「拉致問題」だけに支配される状況はなくなるであろう。いよいよ核問題、ミサイル問題に正面から取り組むことを迫られる。日本は核兵器を持った北朝鮮とは国交正常化すべきではない。それならば、どのようにして北朝鮮に核兵器とその開発を放棄させるのか。そして、ミサイル問題にどう取り組むのか。北朝鮮と国交を正常化するにあたって、我が国が取り組まなくてはいけない課題はまだまだ多い。

〔1〕北朝鮮は小泉訪朝の約二カ月前の二〇〇二年七月から一連の経済管理改善措置をとっていた。価格体系を闇市場の実勢価格に合わせるため大幅に引き上げ、賃金は約二〇倍に引き上げられた。さらに市場が合法化されたり、企業の独立採算制や自主性・主体制が高められたりした。これらの措置にはインセンティブの導入が含まれており、北朝鮮が「改革・開放」に進む兆候であるという指摘もあったが、配給体制が維持できなくなったため、やむを得なく取った措置であるとも言われた。また闇市場を表面化・公式化し、管理をしやすくするための措置であるとも言われた。結果的には財の供給が増えなかったので、単なるインフレ助長に終わったという評価がなされている。むしろ経済活動への規制を強化する方向に動いていると見られる。詳しくは前掲論文「北朝鮮経済の現状と今後の展望――改革・開放の行方」参照。

〔2〕二〇〇一年一月、森喜朗総理の意を体して中川秀直議員がシンガポールで北朝鮮の姜錫柱第一次官と秘密裏に会談した際、同次官より首脳会談を打診されたという。二〇〇二年九月一二日付『朝日新聞』に掲載の森前総理のインタビュー記事参照。

〔3〕たとえば和田春樹教授は『東亜』二〇〇八年一一月号に掲載された講演記録「六十年の不信、北朝鮮と向き合うには」で、「経済改革にとって必要な資金と技術を日朝国交正常化により日本から得ようとしたのです」としている。

〔4〕前掲論文「北朝鮮経済の現状と今後の展望――改革・開放の行方」参照。

〔5〕二〇〇二年九月一九日付『朝日新聞』。

〔6〕二〇〇二年九月一八日付『朝日新聞』、『読売新聞』、『日経新聞』各紙社説。

〔7〕鴨下ひろみ「日本放送メディアの北朝鮮関連報道——日本人拉致関連報道とその政治的影響」延世大学行政大学院、修士論文（韓国語）、二〇〇九年参照。鴨下氏は同論文で北朝鮮関連のテレビ報道のデータを駆使し、メディアと世論と政治の関係を鋭く分析している。特に「（メディアによって形成された）世論の強硬化によってメディアの側に自主規制を誘発させ、拉致強硬論への批判や北朝鮮に対する擁護は言及すらできない状況が生じた。その結果、拉致強硬世論は修正される機会も得ることなく、長期間継続した（六一頁）」と興味深い指摘をしている。

〔8〕『朝日新聞』二〇〇四年五月二三日付。

〔9〕田中均アジア大洋州局長（当時）は第一回目の訪朝に至る交渉の原則として「相手の不法な行為に褒賞を与えることはできない。……例えば拉致についてギブ・アンド・テイクはない」としている。田中均『外交の力』日本経済新聞出版社、二〇〇九年、一〇一頁。

〔10〕鴨下氏は前掲論文で、小泉総理の再訪朝は拉致問題が重要な政治問題として定着していたことを前提に、政治がメディアと世論を利用したケースに該当するとしている。

〔11〕『朝日新聞』二〇〇四年五月二四日付。同時期に行われた『読売新聞』の世論調査結果もほぼ同様である。

〔12〕『朝日新聞』二〇〇四年五月二三日付。

〔13〕鴨下前掲論文五一頁。

〔14〕鴨下氏は前掲論文で、安倍政権の支持率と北朝鮮関連報道の減少には一定の相関関係があると見ることができると指摘している（同五三頁）。

〔15〕『外交青書』平成一八年版。

〔16〕二〇〇四年に公表された二〇〇三年版「年次報告」から、小泉総理の訪朝の結果、北朝鮮側が拉致を認めたことなど拉致への言及が盛り込まれた。それ以前の「年次報告書」では、北朝鮮がよど号事件の犯人を匿っていることが指摘されている。

〔17〕二〇〇八年七月一五日付『読売新聞』に掲載された世論調査結果によれば、「再調査の結果を見たうえで（一部制裁を）緩和するかどうかを決めるべきだ」という答えが四五％で最も多く、「緩和すべきではない」の四〇％がそれに続いた。

終　章
過去から何を学べるか？

日朝外務省局長級協議に臨む伊原純一・外務省アジア大洋州局長（右端）と宋日昊・朝日国交正常化交渉担当大使（2014年5月26日、ストックホルム、共同）

†ストックホルム合意と地下水脈

二度にわたる小泉総理の訪朝の結果、五名の拉致被害者および八名の家族の帰国が実現したものの、残りの被害者等の安否・帰国がその後の最大の懸案となっている。

第二次訪朝（二〇〇四年）以降、日朝二国間あるいは当時実施されていた六者会談の枠組みの中で両当局者間の接触は続けられたが、北朝鮮側の反応は「拉致問題はすでに解決済み」で一貫していた。一方で、横田めぐみさんの遺骨とされるものから別人のＤＮＡが検出されたことや北朝鮮による相次ぐミサイル発射、核実験という挑発を契機として、日本の世論は急速に厳しくなり、日本独自の制裁が次々と発動されるようになる。

ところが日本で福田政権が発足した後、機会の窓が少し開いたかに見えた。前述の通り、二〇〇八年八月に北朝鮮は従前の立場を変え、拉致問題に関する全面的な調査に合意する。調査の対象者はすべての拉致被害者とし、可能な限り秋に調査を終了することとされた。しかし福田総理が退陣を表明する翌九月になり、北朝鮮側は急に調査の実施を見合わせる旨連絡してくる。

その後しばらく日朝間の接触は途絶えるが、二〇一二年になって交渉が再開される。金正恩体制が発足して直後のことである。飯島内閣府参与の訪朝や横田さん夫妻によるお孫さん家族との面談を経て、二〇一四年にストックホルムにて伊原純一アジア大洋州局長と宋日昊大使との間で協議の結果、合意に至る。

その中で北朝鮮側は、一九四五年前後に北朝鮮域内で死亡した日本人の遺骨および墓地、残留日本人、いわゆる日本人配偶者、拉致被害者および行方不明者を含むすべての日本人に関する調査を包括的かつ全面的に実施することを約束したのである。そのため、特別調査委員会を立ち上げることとした。これに対して日本側は行動対行動の原則に則り、北朝鮮側の調査の進展に伴い、人的往来、送金、北朝鮮籍船舶の日本への入港禁止措置といった独自の制裁措置を解除することを約した。

そのフォローアップとして伊原局長が平壌を訪問し、特別調査委員会のメンバーと協議するなど、日本側は拉致問題の重要性を強調するとともに調査の実施を促す。しかし、北朝鮮側が約一年で調査を終えると表明していたにもかかわらず、その後正式な報告はなされず、調査はまたしても立ち消えとなってしまった。

福田政権の際もそうであるが、このストックホルム合意についてなぜ北朝鮮側が再調査に同意したのか、またその後、なぜ結果的に反故にしてしまったのかをタイミングも含めて分析することは興味深いが、ここでは触れない。重要なことはこの二度の機会を通じて、北朝鮮側が何らかのカードを持っていた可能性が高いということであろう。客観的に見て少なくとも一部の拉致被害者、いわゆる特定失踪者、行方不明者が生存している可能性が十分にあるということである。

†枠組みの崩壊と悪循環の始まり

第六章ではブッシュ政権（二〇〇一～二〇〇九年）の八年間に触れた。北朝鮮政策を主導してきた米国の政権はその後、オバマ政権（二〇〇九～二〇一七年）、トランプ政権（二〇一七～二〇二一年）を経て今のバイデン政権（二〇二一年～）に至る。

クリントン政権では一九九四年の米朝枠組み合意以降、北朝鮮への軽水炉供与のための枠組みが成立・始動した。一言で言うと、軽水炉を供与するまでは米国が重油を供給し、その間北朝鮮は核施設を凍結し、やがては解体するという取り決めである。

ブッシュ政権はこれを廃棄し、新たに六者会談という枠組みを作る。二〇〇五年に採択された六者共同声明で北朝鮮は「すべての核兵器および既存の核計画を放棄」を謳っており、これに対し一定の経済・エネルギー・人道支援が供与されることとなっている。しかし北朝鮮は二〇〇九年のミサイル発射を受け、国連安全保障理事会が議長声明を発出したことに反発し、「六者会合には絶対に戻らない」と宣言した。よってこの枠組みもオバマ政権の発足後間もなく崩壊してしまうのである。

「核兵器なき世界」を提唱したオバマ政権であったが、皮肉なことにこの期間、北朝鮮は四度の核実験を実施し、弾道ミサイル発射を繰り返して抑止力を強化した。米国は「戦略的忍耐」というキャッチフレーズを掲げつつ、ほとんど何ら有効なイニシアチブも取らなかったのは残念である。

一方で北朝鮮は六者会談枠組みからの離脱を表明してから大胆に核兵器・ミサイル開発を公言し、加速化した。これはその前年、金正日が病で倒れ、権力継承が本格化したことと関連している可能性がある。彼らにとって核兵器・弾道ミサイルの開発は、米国等に対する抑止のみならず、金王朝体制を存続させるために不可欠である可能性が十分ある。リビアのムアンマル＝アル・カダフィ大佐の例を見てもわかるように、まずは核開発放棄、後で経済支援では政権が持たないのであろう。また、通常兵力を強化するより核兵器を開発する方がコストが少なくて済むとも言われている。長年、経済難にあえぐ北朝鮮にとっては魅力的な選択肢なのであろう。

そして国際社会は北朝鮮による挑発（核実験・弾道ミサイル発射）、これに対する制裁という悪循環に陥る。トランプ大統領が登場した二〇一七年には北朝鮮が大陸間弾道弾（ＩＣＢＭ）および六回目の核実験を実施するに至り、首脳同士の罵り合いも含めて緊張が最大限に高まっていく。

そんな最中、イニシアチブを取ったのは進歩系政権の文在寅大統領であった。北朝鮮側も二〇一八年の「新年の辞」で南北関係改善を訴え、これに応じた。緊張・軍事的脅威が極度に高まった際、一転して緊張緩和の突破口を見出そうとする北朝鮮の姿勢は、少なくとも過去数十年間一貫している。

韓国政府はまず、同年二月の平昌冬季オリンピックへ金永南最高人民会議常任委員長、金正恩の妹である金与正《キムヨジョン》の参加を実現させる。そして四月の南北首脳会談では板門店宣言を採択し、完全な非核化を通して核のない朝鮮半島を実現するという共通の目標を確認した。その後さらに二回会談し、計三回の首脳会談を実現する。

文政権の橋渡しもあってか米朝間の接触が始まり、六月にシンガポールで歴史的な米朝首脳会談が実現する。ここで金正恩は完全な非核化に向けて取り組むべくコミットする共同声明に署名するのである。しかし翌二〇一九年、ベトナムで開催された第二回米朝首脳会談では合意に至らず、事実上会談は決裂する。

米側が寧辺の核施設だけでなく、それ以外の核施設の廃棄を求めたのに対し、北朝鮮が拒否したことが決裂の理由と言われている。また、制裁解除をめぐっても米朝で意見が折り合わなかった。

その後、北朝鮮側の怒りが韓国に向いたのか、南北関係は従来の厳しい状況に戻ってしまった感がある。米国との関係ではバイデン新政権の出方をうかがっているのか、今のところ北朝鮮は激しい挑発は控えているようである。

†次の一手は？

このところ北朝鮮は、制裁、自然災害、新型コロナの三重苦に直面していると言われている。事実、二〇二一年一月に五年ぶりに開催された第八回党大会ではこの間の経済政策の失敗を率直に認め、「自力更生」と「自給自足」の重要性を訴えている。

一方、韓国では二〇二二年三月に大統領選が行われる予定であり、仮に保守系候補が当選した場合、過去の事例からも南北関係で大きな進展は見られない可能性が高い。バイデン政権はトランプ政権時代と違って、下から積み上げる実務的な外交となることが想定されるため、おのずと慎重な対応となる可能性が高い。

そう考えると今のような三重苦が続く限り、北朝鮮が日本に活路を見出そうとする可能性は十分にあるのではないだろうか。

もちろん小泉訪朝で示されたように、北朝鮮とトップ外交を行うことの利点は十分にある。しかしその下準備・布石として、常日頃から外交当局間同士の接触を維持しておくことが極めて重要である。

そのためにも第一に、平壌に連絡事務所を設置することは有効な手段であろう。外交関係があるので単純な比較はできないが、平壌には英国やスウェーデンなど西側友好諸国も実館を置いているし、二〇二〇年に爆破されてしまったものの、開城には南北連絡事務所があった。また、過去を振り返れば一九九七年にKEDO（朝鮮半島エネルギー開発機構）の現地事務所が琴湖に開設され、日米韓の職員が駐在を始めたこともあった。さらに日本国内には朝鮮総連があるのに対し、北朝鮮側に日本を代表する事務所がないのは非対称的であるとも言えよう。

第二に、北朝鮮を含めたトラック2の関係を構築することである。一九九〇年代の初頭、日本のある新聞社・米国の大学と北朝鮮の軍縮平和研究所が東京でセミナーを開催したことがあった。その機会に同研究所の代表団を外務省に招き、わが方の幹部と意見交換の機会を設けたところ、代表格の人物は紳士然としてほとんど発言をしない。そのとき、実力のなさそうな人だと思ったのであるが、それが後に第一次官となって対米交渉の最高責任者となる金桂冠だったのである。シンクタンクとは言え、北朝鮮では党・政府と一体となっているため、トラック2で人間関係を作っておけば後々の交渉にも役立つであろう。

いずれにせよ日本は国交正常化、そして大規模な経済協力という最強の梃・カードを持っている。国際社会として手詰まりの状況で、なおかつ北朝鮮自身が三重苦に直面している今こそ原点に立ち戻り、その梃を最大限に生かしながら核・ミサイル開発問題、そして拉致問題の解決に取り組むことが重要と考える。

以上、第七章まで一九九〇年から二〇年近くにわたり北朝鮮との関係を見てきた。この時点でここから得られる教訓は何か、整理してみよう。

†対北朝鮮外交の教訓

まず重要なことはこの間、北朝鮮側の主な役者は変わっていないということである。対米関係においては一九九三年の第一次核危機・米朝高官協議から六者会談に至るまで、一貫して姜錫柱第一次官と金桂冠次官が交渉を取り仕切っている。対日関係については、日本の政党との窓口になってきた金容淳こそ死去したが、宋日昊を始めとする実務者の陣容に大きな変化はない。そして何よりも最高指導者の金正日は父・金日成の晩年から政策の責任を担っていたと言われている。健康問題はあるにせよ、最後までその地位は揺るぎないものであった。

これに対し、米国・韓国・日本では政策責任者・交渉の担当者が頻繁に変わる。ここに私たちが過去の北朝鮮外交と我々の政策・対応を学び、現在および将来の政策立案の糧にしていく意義がある。

第一に、言うことを聞いてくれなければ五メガワットの黒鉛減速炉を稼働させ、使用済み燃料棒を再処理するといった北朝鮮側の脅しは常套手段である。すでに一九九四年の米朝高官協議で姜次官は、このように言って相手のガルーチ国務次官補を恫喝している。その後今日に至るまで、この恫喝は折に触れて繰り返される。近年はこれにとどまらず、さらなる弾道ミサイル発射や核実験にも言及し、脅しがエスカレートしてきた。

これに対して米国、日本をはじめとする国際社会は有効に対処できていないことが問題である。クリントン政権は「合意された枠組み」において「軽水炉」と「重油」という誘因措置を約束することにより、この脅しに対処した。また、ブッシュ政権は北朝鮮の脅しと挑発を当初は無視し、後に金融制裁や安保理決議という「圧力」で対処しようとしたが、かえってかの国の核・ミサイル開発を進展させる結果となってしまった。いずれの対応も批判を受けている。

このような脅しは通用しないということを、国際社会は一致・一貫して言動で示さなくてはならない。もちろん「対話」や「誘因策」を考えることは重要であるが、一線を越えると厳しく対応することを示す必要がある。特に中国と韓国を含めた近隣国も、同様に厳しい措置を取らなければ効果は半減する。

第二に、この関連で「対話」・「誘因(インセンティブ)」と「圧力」はどちらが有効か。最近の日本の世論は「圧力」重視である。しかし大きな成果を上げたと評価される小泉訪朝においては、日本側からは「圧力」は行使されていない。北朝鮮が「拉致」のカードを切った大きな理由の一つは、「日本と正常化すれば、莫大な資金が手に入る」というインセンティブであったと思われる。

しかしまったく「圧力」がないと、相手方に取られっぱなしになる可能性もある。九〇年代の日本のコメ支援がそうであったと言えるかもしれない。韓国の「太陽政策」はそもそもが見返りを期待していなかったかもしれないが、韓国側が直接的に得たものは「離散家族の再会」ぐらいでそう多くはない。

一方で一九九四年の「合意された枠組み」や六者会合の一連の合意文書採択の背景には、一定の「圧力」があったことも事実である。

したがって北朝鮮と効果的に対処するためには、適度な「圧力」とともに「誘因措置」(「制裁」を解除することも含めて)を提示することが有効である。そして「誘因措置」は相手方が具体的な譲歩を取ったときに発動するなど、きめ細かな事前の段取りが必要となろう。いずれにせよ、意思疎通のために「対話」のルートを維持しておくことは非常に重要であると思う。

第三に北朝鮮側は少ないカードを何度も使い、そう簡単にはそれを手放さない。「黒鉛減速炉の稼働」や「再処理」というカードをもって彼らは「軽水炉」や「重油」、「エネルギー支援」などを得てきた。このカードは切っておしまいということではない。いつでも再稼働可能・再使用可能なカードである。拉致被害者も簡単に帰国させないし、日本人配偶者の帰国カードは何度も使ってくる。

したがって、彼らのカードを再利用させない知恵が大切になってくる。核施設の無能力化はその第一歩であるが、不十分である。核関連施設の場合、短期間で「廃棄」させるような取り組みが求められる。また、先方のカードが再利用可能であれば、私たちのカードも再利用可能なものを提示すべきであろう。たとえば食糧援助などは供与すれば、取られっぱなしになる恐れがある。「制裁の解除」などを提示すれば、先方の行動いかんによって再度その制裁を発動すればよい。

ちなみにカードを小刻みに切り、相手側の譲歩を勝ち取ろうとする北朝鮮の戦術をサラミ戦術ということがある。つまり、サラミのようにカードを薄く切ってくるということである。これにいちいち対応し、譲歩を提供してもあるときすべてが反古になり、振り出しに戻ってしまう。この繰り返しである。

そのように考えると、小さな譲歩をお互いに「行動対行動」の様式で積み上げていくよりは、大きな絵を描き、大きな取引を短期間で達成するほうがよい。たとえば北朝鮮は建設中のものも含め、黒鉛減速炉と再処理施設を一年以内に「廃棄」するとともに、NPTに加入してIAEAの完全な査察に服する。これに対し、米朝国交を正常化する。そういった大きな取引を考えた方が効果的ではないだろうか。

第四に日朝関係を振り返ってみる。北朝鮮側が関係改善に本気になったときがチャンスである。そのような機会はこれまで二回あった。金丸訪朝が実現した一九九〇年頃と小泉訪朝に至る二〇〇一～〇二年頃である。前者は社会主義諸国の崩壊で、北朝鮮は危機に直面し、活路を日本に求めた。後者は金正日の首脳外交が始動した頃であり、かつブッシュ政権を恐れたという要因もあったであろう。北朝鮮側は「第一八富士山丸船員の釈放」「日朝国交正常化交渉の開始」「拉致の認定」という重要なカードを切った。

逆に、北朝鮮側に関係改善の熱意がなければ日本側の対応が空回りする。日本政府は一九九五年に初めてコメ支援を行って以来、小泉訪朝前の二〇〇〇年までの間に計一一八・二万トンのコメなどを北朝鮮に供与している。これに加え、国際機関を通じて五〇万ドルの資金と医薬品を供与した。これらの供与は人道的な性格のものであり、それぞれの供与にはそれなりの意義があったのであろう。

しかし結果的にはその間、日本側として目に見える形で得たものは三回にわたる日本人配偶者の故郷訪問だけである。二〇〇〇年には七年半ぶりに日朝正常化交渉が行われたが、拉致問題の進展はなかった。もちろん、二〇〇〇年に行ったコメ支援が小泉訪朝の環境作りに役立ったという面は否定できないであろう。

では、北朝鮮が再度熱心になるまで待てばいいかというと、それではあまりに受け身である。

「圧力」をかけることも重要であるが、日本と関係を改善すれば北朝鮮としても得るものは大きいと確信してもらわなくてはいけない。ここで難しい問題は「拉致問題」である。二〇〇二年の小泉訪朝の際、金正日は「拉致問題」を認めれば早い時期に正常化が達成され、莫大な資金が日本側から手に入ると思った節がある。しかしその期待は、その後の事態の展開により裏切られる。よって彼らは「二度とその手には乗るまい」と思っているとしても不思議ではない。

一つには、日朝の二国間で「拉致問題」の最終的解決と具体的な「国交正常化」をパッケージとして取引することであろう。しかし正常化の前提として「拉致」だけでなく、「核」も「ミサイル」も解決しなくてはならない。結局、六者のような枠組みを利用してこれらの問題を包括的に解決することが、効果的かつ現実的ということであろう。

第五に特に日本の場合、北朝鮮との関係で政府に加え、政党のチャンネルが存在する場合がある。特に一九九〇年代がそうであった。議員内閣制である限り、ある程度は政党間の交流も意義があるし、政府と緊密な連携が取られる場合は相互に補完的となり得る。しかし過去を振り返ったとき、日本の観点から日朝関係が最もうまく運んだのは二〇〇二年の小泉訪朝であった。これは小泉総理の強力な指導の下、外務省が北朝鮮側と周到な準備を行ったゆえに実現したものである。

北朝鮮側はともすれば複数の相手と交渉し、融和的な立場を取る相手を利用して政府や強硬派を揺さぶる傾向がある。したがって基本的には、交渉の窓口は政府に一本化することが望ましい。相手が「もらい得」とならないよう、こちらも得るものは得るよう事前の綿密な手順の打ち合わせが不可欠である。さらに言えば北朝鮮の場合、トップと直談判することが効果的である。

第六に北朝鮮は、関係諸国の動きを実によく見ている。一部の国に対しては恫喝や敵対的な態度を取るが、他の国に対しては融和的な態度を取ることがある。彼らとしても、周辺五カ国すべてと敵対することは避けたいであろう。長年、強大国に囲まれて生きてきた朝鮮の知恵であろうか。

ブッシュ政権時代、核・ミサイル開発をめぐって国際社会は「圧力」「制裁」を加えたが、その間、中国が本気になって圧力を行使した形跡はない。韓国の金大中政権、盧武鉉政権は対北朝鮮融和策を継続する。核実験があっても、韓国政府は対北朝鮮政策の基本を変えなかった。その結果、近年北朝鮮の対外貿易の約八割を中国と韓国が占めている。つまり制裁をしても、北朝鮮には中国、韓国という逃げ道がある。

韓国に李明博政権が誕生し、南北関係が悪化すると、北朝鮮は今度は米国に急接近する。政権末期になって成果が欲しい米国の事情をよく知っている。脅しも使いながら、米側から「テロ支援国家指定解除」を勝ち取ってしまう。周辺大国を手玉に取るようなこのあたりの北朝鮮の外交には舌を巻くことがある。
したがって五カ国、なかんずく日米韓はこのような北朝鮮の過去の行動をよくよく肝に銘じ、連携を緊密にすることが求められる。

第七に、北朝鮮のミサイル開発はこれまでほとんど野放し状態であった。すでに述べた通り、北朝鮮は国際的に存在するいかなるミサイル規制の枠組みにも参加していない。しかし、幸いなことに、北朝鮮の核実験を受けて採択された安保理決議第一七一八号は、弾道ミサイルにつき以下のように言及している。「北朝鮮が、その他の既存の大量破壊兵器および弾道ミサイル計画を、完全な、検証可能な、かつ、不可逆的な方法で放棄することを決定する」。しかもこの決定は、国連憲章第七章を引用してなされた法的拘束力・強制力のある決定である。

私たちはこれを盾にして、北朝鮮によるさらなるミサイル発射を阻止し、仮にそれでも発射した場合には、さらなる制裁を加えていくことが重要である。

最後に小泉訪朝以降、日本の世論は「拉致問題」の解決を最重要視し、政府もそういった方針で臨んできた。「拉致問題」は日本人の生命にかかわる重大問題であり、政府として優先して取り組むべきであることは言うまでもない。

そして前述の通り、北朝鮮はどうも「拉致」について、さらに切るべきカードを持っているのではないかとも思われる。北朝鮮にこのカードを早く切らせるため、日本側としていかなる

「圧力」「誘因」のカードを準備すべきか、よく考えるべきである。その際には前記の教訓が参考となるであろう。そして、他の五カ国の協力と理解を求める。北朝鮮と「対話」の窓口を維持しておくことも重要である。

そのうえで、「拉致問題」と同じように重要な問題は「核問題」「ミサイル問題」である。いずれも米国だけに任せられない、わが国自身の安全保障にかかわる重大問題である。北朝鮮を非核化し、ミサイルの脅威をなくすため、日本として何ができるか、真剣に考える必要がある。日本が持っている正常化、経済協力のカードは最強である。これを大胆に使う時期が来ているのかもしれない。

おわりに

今からもう一〇年以上前のことである。韓国から帰任した直後であったと思うが、長年お世話になっている伊豆見元先生（当時静岡県立大学教授）から「韓国と北朝鮮に関する本を各一冊書いてみませんか」と背中を押して頂いたことがあった。最初は書籍を出すことにつき様々な不安があったが、先生のご助力を得て、韓国については何とか上梓することができた（『現代韓国の変化と展望』論創社、二〇〇八年）。

北朝鮮については、構想を練って下準備を始めてから随分時間が経ってしまった。ちょうど退官した機会に伊豆見先生に相談すると、「そろそろ二〇〇二年の小泉訪朝から二〇年となるので、その機会に日本の対北朝鮮外交についてまとまった本を出してもらうのは有意義である」とまたまた激励して頂いた。それから一気呵成に完成させたのが本著である。

今回も出版元探しから、構成・内容面でのアドバイスも含め伊豆見先生には大変お世話になった。深く御礼申し上げる。また、出版を引き受けてくださった松田健編集長をはじめとするちくま新書編集部の皆様にも感謝申し上げる。

原稿すべてに目を通し、専門家の立場から有益な示唆・コメントをしてくれた友人には本当に助けられた。さらに、かなり前になるが、下準備の段階でインタビューに応じてくださった谷野作太郎（当時）アジア局長、柳井俊二（当時）総合政策局長を初めとする外務省・関係省庁の先輩方に感謝申し上げたい。もちろん本著の構成や記述に関する責任はひとえに著者にある。

書き終え読み返してみて、一九九〇年から十数年にわたる期間、断続的とは言え、北朝鮮外交に携わったことが昨日のことのようによみがえってきた。同じように当時ともに汗をかいた人たちの顔も浮かび上がってくる。北朝鮮外交は命がけである。

本著をお世話になった諸先輩・同僚・戦友に捧げたい。

山本栄二

二〇二二年二月

参考文献

第一章　風穴を開ける

外務省『外交青書』
石井一『近づいてきた遠い国――金丸訪朝団の証言』日本生産性本部、一九九一年
金丸信・田辺誠「今一層の拍車を」『世界』岩波書店、一九九二年四月臨時増刊号
塩田潮「「金丸訪朝」で何が話されたか」『文藝春秋』文藝春秋、一九九四年八月号
田辺誠「これが金丸訪朝団の裏舞台だ」『月刊 Asahi』朝日新聞社、一九九〇年一二月一一日号
山岡邦彦「金丸訪朝と今後の日朝関係」『東亜』霞山会、一九九〇年一二月号
「金丸訪朝への道はパリで始まった」『ＡＥＲＡ』朝日新聞出版、一九九〇年一二月一一日号
ラジオプレス『北朝鮮政策動向』
『読売新聞』
『朝日新聞』
『労働新聞』

第二章　日朝国交正常化交渉始まる

小此木政夫「日朝国交交渉と日本の役割」小此木政夫編『ポスト冷戦の朝鮮半島』日本国際問題研究所、一九九四年
谷野作太郎（当時）外務省アジア局長とのインタビュー、二〇〇八年七月
中平立「日朝交渉の現場から」『外交フォーラム』都市出版、一九九二年二月号
中平立（当時）日朝国交正常化担当大使とのインタビュー、二〇〇八年六月

高崎宗司『検証　日朝交渉』平凡社新書、二〇〇四年
竹中繁雄（当時）外務省アジア局審議官とのインタビュー、二〇〇八年八月
李三魯「国交正常化のための朝日政府間の会談について」『勤労者』九三年三月号

第三章　第一次核危機——一触即発の事態

Joel S. Wit, Daniel B Poneman, Robert L. Gallucci "Going Critical The First North Korean Nuclear Crisis" Brookings Institute Press, Washington, D.C. 2004
ドン・オーバードーファー『二つのコリア』共同通信社、一九九八年
ケネス・キノネス『北朝鮮——米国務省担当官の交渉秘録』伊豆見元監修、山岡邦彦・山口瑞彦訳、中央公論新社、二〇〇〇年
石原信雄（当時）官房副長官とのインタビュー、二〇〇八年七月
伊豆見元「米国の朝鮮半島政策——北朝鮮のＮＰＴ脱退宣言後の政策を中心に」小此木政夫編『ポスト冷戦の朝鮮半島』国際問題研究所、一九九四年
柳井俊二（当時）外務省総合政策局長とのインタビュー、二〇〇八年七月
五百旗頭真他編『90年代の証言——外交激変　元外務省事務次官　柳井俊二』朝日新聞社、二〇〇七年
ラジオプレス『北朝鮮政策動向』
『朝日新聞』
『読売新聞』
"The New York Times"
"Washington Post"
"Foreign Affairs"
『外交フォーラム』都市出版

Byung-joon Ahn "The Man Who Would Be Kim", "Foreign Affairs" November/December 1994

第四章　軽水炉の供与へ

梅津至「朝鮮半島エネルギー開発機構（KEDO）の活動と今後の課題」『国際問題』日本国際問題研究所、一九九六年四月号
梅津至「活動開始から2年半――重要段階に入ったKEDO」『外交フォーラム』都市出版、一九九八年二月号
小野正昭「軽水炉プロジェクトの意義と今後の課題」『東亜』霞山会、一九九八年八月号
小野正昭「安全保障機関としてのKEDOの重要性」『世界』岩波書店、一九九九年五月号
小野正昭「KEDOのめざすものとは何か」『外交フォーラム』都市出版、一九九九年九月号
KEDOホームページ：http://www.kedo.org/
韓国軽水炉企画団『軽水炉白書』（韓国語）

第五章　第一次核危機後の日朝関係――九〇年代後半

姜尚中他編『日朝交渉　課題と展望』岩波書店、二〇〇三年
隅谷三喜男・和田春樹編『日朝国交交渉と緊張緩和』岩波ブックレット、一九九九年
高崎宗司『検証　日朝交渉』平凡社新書、二〇〇四年
『朝日新聞』
『読売新聞』
『自由新報』平成一〇年四月一四日付

第六章　第二次核危機と六者協議――核兵器開発への対応

外務省『外交青書』

霞山会『東亜』各月号
Rachel L. Loeffler "How the Financial System Can Isolate Rogues", "FOREIGN AFFAIRS" March/April 2009
Prichard "Failed Diplomacy: How North Korea Got the Bomb"
Mitchell B. Reiss, Robert L. Gallucci "The Truth About North Korea's Weapons Program", "Foreign Affairs March/April 2005"

第七章　小泉訪朝と拉致問題が支配する日朝関係

飯島勲『実録　小泉外交』日本経済新聞出版、二〇〇七年
田中均『外交の力』日本経済新聞出版、二〇〇九年
平松賢司「総理訪朝と日朝平壌宣言署名への道」『外交フォーラム』二〇〇二年一二月号
船橋洋一『ペニンシュラ・クエスチョン』朝日新聞社、二〇〇六年
外務省『外交青書』
霞山会『東亜』各月号

終　章　過去から何を学べるか？

伊豆見元『北朝鮮で何が起きているのか』ちくま新書、二〇一三年
伊豆見元「労働党第八回党大会後の北朝鮮」論文ペーパー、二〇二一年
伊豆見元「文在寅大統領の「終戦宣言」提案と北朝鮮の対応」論文、二〇二一年
五味洋治『金正恩が表舞台から消える日』平凡社新書、二〇二一年
太永浩『三階書記室の暗号　北朝鮮外交秘録』文藝春秋、二〇一九年
西野純也「第9章　日朝協議の再開、合意、そして停滞　拉致問題再調査をめぐる日本の対北朝鮮政策」論文、二〇一五年

牧野愛博『北朝鮮核危機！　全内幕』朝日新書、二〇一八年
John Bolton "The Room Where It Happened: A White House Memoir" 2020

参考資料１

日朝関係に関する日本の自由民主党、日本社会党、朝鮮労働党の共同宣言

於　平壌

1990年9月28日

訪問期間中、衆議院議員金丸信を団長とする自由民主党代表団、中央執行副委員長田辺誠を団長とする日本社会党代表団、党中央委員会書記金容淳を団長とする朝鮮労働党代表団間の数次にわたる三党共同会談が行われた。

三党代表団は、自主・平和・親善の理念にもとづき日朝両国間の関係を正常化し発展させることが両国国民の利益に合致し、新しいアジアと世界の平和と繁栄に寄与すると認めつぎのように宣言する。

1. 三党は、過去に日本が36年間朝鮮人民に与えた大きな不幸と災難、戦後45年間朝鮮人民が受けた損失について、朝鮮民主主義人民共和国に対し、公式的に謝罪を行い十分に償うべきであると認める。自由民主党海部俊樹総裁は、金日成主席に伝えたその親書で、かつて朝鮮に対して日本が与えた不幸な過去が存在したことにふれ、「そのような不幸な過去につきましては、竹下元総理が、昨年3月国会におきまして深い反省と遺憾の意を表明しておりますが、私も内閣総理大臣として、それと全く同じ考えである」ということを明らかにして、日朝両国間の関係を改善する希望を表明した。

自由民主党代表団団長である金丸信衆議院議員も朝鮮人民に対する日本の過去の植民地支配に対して深く反省する謝罪の意を表明した。三党は、日本政府が国交関係を樹立すると同時に、かつて朝鮮民主主義人民共和国の人民に被らせた損害に対して十分に償うべきであると認める。

2. 三党は、日朝両国間に存在している不正常な状態を解消し、できるだけ早い時期に国交関係を樹立すべきであると認める。

3. 三党は、日朝両国間の関係を改善するために政治・経済・文化などの各分野で交流を発展させ、当面は、通信衛星の利用と、

両国間の直行航路を開設することが必要であると認める。

4. 三党は、在日朝鮮人が差別されず、その人権と民族的諸権利と法的地位が尊重されるべきであって、日本政府は、これを法的にも保証すべきであると認める。

三党は、また、日本当局が朝鮮民主主義人民共和国と関連して、日本のパスポートに記載した事項を取り除くことが必要であるとみなす。

5. 三党は、朝鮮は一つであり、北と南が対話を通じて平和的に統一を達成することが朝鮮人民の民族的利益に合致すると認める。

6. 三党は、平和で自由なアジアを建設するために共同で努力し、地球上のすべての地域で将来核の脅威がなくなることが必要であると認める。

7. 三党は、朝日両国間の国交樹立の実現と懸案の諸問題を解決するための政府間の交渉が本年11月中に開始されるよう強く働きかけることについて合意した。

8. 三党は、両国人民の念願とアジアと世界の利益に即して、自由民主党と朝鮮労働党、日本社会党と朝鮮労働党間の関係を強化し、相互協調をさらに発展させることを合意した。

1990年9月28日
平壌にて
自由民主党を代表して
金丸信
日本社会党を代表して
田辺誠
朝鮮労働党を代表して
金容淳

(出典：政策研究大学院大学データベース、ただし労働党側代表者の名前を金勇淳から金容淳に変えた)

参考資料2

日朝平壌宣言

平成14年9月17日

小泉純一郎日本国総理大臣と金正日朝鮮民主主義人民共和国国防委員長は、2002年9月17日、平壌で出会い会談を行った。

両首脳は、日朝間の不幸な過去を清算し、懸案事項を解決し、実りある政治、経済、文化的関係を樹立することが、双方の基本利益に合致するとともに、地域の平和と安定に大きく寄与するものとなるとの共通の認識を確認した。

1. 双方は、この宣言に示された精神及び基本原則に従い、国交正常化を早期に実現させるため、あらゆる努力を傾注することとし、そのために2002年10月中に日朝国交正常化交渉を再開することとした。

双方は、相互の信頼関係に基づき、国交正常化の実現に至る過程においても、日朝間に存在する諸問題に誠意をもって取り組む強い決意を表明した。

2. 日本側は、過去の植民地支配によって、朝鮮の人々に多大の損害と苦痛を与えたという歴史の事実を謙虚に受け止め、痛切な反省と心からのお詫びの気持ちを表明した。

双方は、日本側が朝鮮民主主義人民共和国側に対して、国交正常化の後、双方が適切と考える期間にわたり、無償資金協力、低金利の長期借款供与及び国際機関を通じた人道主義的支援等の経済協力を実施し、また、民間経済活動を支援する見地から国際協力銀行等による融資、信用供与等が実施さ

れることが、この宣言の精神に合致するとの基本認識の下、国交正常化交渉において、経済協力の具体的な規模と内容を誠実に協議することとした。

　双方は、国交正常化を実現するにあたっては、1945年8月15日以前に生じた事由に基づく両国及びその国民のすべての財産及び請求権を相互に放棄するとの基本原則に従い、国交正常化交渉においてこれを具体的に協議することとした。

　双方は、在日朝鮮人の地位に関する問題及び文化財の問題については、国交正常化交渉において誠実に協議することとした。

3. 双方は、国際法を遵守し、互いの安全を脅かす行動をとらないことを確認した。また、日本国民の生命と安全にかかわる懸案問題については、朝鮮民主主義人民共和国側は、日朝が不正常な関係にある中で生じたこのような遺憾な問題が今後再び生じることがないよう適切な措置をとることを確認した。

4. 双方は、北東アジア地域の平和と安定を維持、強化するため、互いに協力していくことを確認した。
　双方は、この地域の関係各国の間に、相互の信頼に基づく協力関係が構築されることの重要性を確認するとともに、この地域の関係国間の関係が正常化されるにつれ、地域の信頼醸成を図るための枠組みを整備していくことが重要であるとの認識を一にした。

　双方は、朝鮮半島の核問題の包括的な解決のため、関連するすべての国際的合意を遵守することを確認した。また、双方は、核問題及びミサイル問題を含む安全保障上の諸問題に関し、関係諸国間の対話を促進し、問題解決を図ることの必

要性を確認した。
朝鮮民主主義人民共和国側は、この宣言の精神に従い、ミサイル発射のモラトリアムを2003年以降も更に延長していく意向を表明した。

双方は、安全保障にかかわる問題について協議を行っていくこととした。

日本国
総理大臣
小泉　純一郎

朝鮮民主主義人民共和国
国防委員会　委員長
金　正日

2002年9月17日
平壌

（出典：外務省ホームページ）

参考資料3

ストックホルム合意

2014年5月

双方は、日朝平壌宣言に則って、不幸な過去を清算し、懸案事項を解決し、国交正常化を実現するために、真摯に協議を行った。

日本側は、北朝鮮側に対し、1945年前後に北朝鮮域内で死亡した日本人の遺骨及び墓地、残留日本人、いわゆる日本人配偶者、拉致被害者及び行方不明者を含む全ての日本人に関する調査を要請した。

北朝鮮側は、過去北朝鮮側が拉致問題に関して傾けてきた努力を日本側が認めたことを評価し、従来の立場はあるものの、全ての日本人に関する調査を包括的かつ全面的に実施し、最終的に、日本人に関する全ての問題を解決する意思を表明した。

日本側は、これに応じ、最終的に、現在日本が独自に取っている北朝鮮に対する措置（国連安保理決議に関連して取っている措置は含まれない。）を解除する意思を表明した。

双方が取る行動措置は次のとおりである。双方は、速やかに、以下のうち具体的な措置を実行に移すこととし、そのために緊密に協議していくこととなった。

―― 日本側

第一に、北朝鮮側と共に、日朝平壌宣言に則って、不幸な過去を清算し、懸案事項を解決し、国交正常化を実現する意思を改めて明らかにし、日朝間の信頼を醸成し関係改善を目指すため、誠実に臨むこととした。

第二に、北朝鮮側が包括的調査のために特別調査委員会を立ち上げ、調査を開始する時点で、人的往来の規制措置、送金報告及び携帯輸出届出の金額に関して北朝鮮に対して講じている特別な規制措置、及び人道目的の北朝鮮籍の船舶の日本への入港禁止措置を解除することとした。

第三に、日本人の遺骨問題については、北朝鮮側が遺族の墓参の実現に協力してきたことを高く評価し、北朝鮮内に残置されている日本人の遺骨及び墓地の処理、また墓参について、北朝鮮側と引き続き協議し、必要な措置を講じることとした。

第四に、北朝鮮側が提起した過去の行方不明者の問題について、引き続き調査を実施し、北朝鮮側と協議しながら、適切な措置を取ることとした。

第五に、在日朝鮮人の地位に関する問題については、日朝平壌宣言に則って、誠実に協議することとした。

第六に、包括的かつ全面的な調査の過程において提起される問題を確認するため、北朝鮮側の提起に対して、日本側関係者との面談や関連資料の共有等について、適切な措置を取ることとした。

第七に、人道的見地から、適切な時期に、北朝鮮に対する人道支援を実施することを検討することとした。

——北朝鮮側

第一に、1945年前後に北朝鮮域内で死亡した日本人の遺骨及び墓地、残留日本人、いわゆる日本人配偶者、拉致被害者及び行方不明者を含む全ての日本人に関する調査を包括的かつ全面的に実施することとした。

第二に、調査は一部の調査のみを優先するのではなく、全ての分野について、同時並行的に行うこととした。

第三に、全ての対象に対する調査を具体的かつ真摯に進め

るために、特別の権限（全ての機関を対象とした調査を行うことのできる権限。）が付与された特別調査委員会を立ち上げることとした。

第四に、日本人の遺骨及び墓地、残留日本人並びにいわゆる日本人配偶者を始め、日本人に関する調査及び確認の状況を日本側に随時通報し、その過程で発見された遺骨の処理と生存者の帰国を含む去就の問題について日本側と適切に協議することとした。

第五に、拉致問題については、拉致被害者及び行方不明者に対する調査の状況を日本側に随時通報し、調査の過程において日本人の生存者が発見される場合には、その状況を日本側に伝え、帰国させる方向で去就の問題に関して協議し、必要な措置を講じることとした。

第六に、調査の進捗に合わせ、日本側の提起に対し、それを確認できるよう、日本側関係者による北朝鮮滞在、関係者との面談、関係場所の訪問を実現させ、関連資料を日本側と共有し、適切な措置を取ることとした。

第七に、調査は迅速に進め、その他、調査過程で提起される問題は様々な形式と方法によって引き続き協議し、適切な措置を講じることとした

（出典：外務省ホームページ）

ちくま新書

1638

北朝鮮外交回顧録《きたちょうせんがいこうかいころく》

二〇二二年三月一〇日　第一刷発行

著者　山本栄二（やまもと・えいじ）

発行者　喜入冬子

発行所　株式会社 筑摩書房

東京都台東区蔵前二-五-三　郵便番号一一一-八七五五

電話番号〇三-五六八七-二六〇一（代表）

装幀者　間村俊一

印刷・製本　株式会社 精興社

ISBN978-4-480-07466-9 C0231